# 上海市质量状况分析报告

## （2022 年）

上海市质量工作领导小组办公室
上 海 市 市 场 监 督 管 理 局 编

上海科学技术出版社

# 前　言

2021 年，上海市质量工作认真贯彻落实习近平总书记致中国质量（杭州）大会重要贺信精神和党中央国务院、市委市政府关于建设质量强国、开展质量提升行动的决策部署，打造具有国际竞争力的质量高地，推动质量工作再升级。产品质量方面，上海市制造业质量竞争力指数持续保持全国排名第一，制造业产品质量合格率为 97.12%，继续位居全国前列。服务质量方面，公共服务质量总体满意度位列全国各省（区、市）第二，其中公共就业服务质量满意度排名第一。工程质量方面，水利工程质量获水利部考核第一并连续 7 年位列考核 A 等级，公路工程质量监督抽查总体合格率在 95%以上。人居质量方面，在全国垃圾分类试点城市考核中继续位列第一，如期消除劣Ⅴ类水体，空气和水环境质量均创有监测记录以来最好水平。质量工作满意度连续四年稳步上升，持续处于满意水平，连续 7 次获得国务院质量工作考核 A 级。

本书主要收录了 2021 年度上海市质量水平、质量发展、质量保障、产业质量等方面的状况和信息，具有以下几个特点：**一是质量指标增添新内容**。今年的报告对质量水平的关键指标的研究深度和广度均有所加强，对服务、工程等质量状况指标进一步拓展和优化。**二是质量发展对标新要求**，今年的报告对照上海市国民经济和社会发展“十四五”规划提出的构筑质量强市品牌高地的新要求，在质量管理数字化转型、长三角一体化质量合作、重点行业（产品）质量提升等方面加强分析和研究力度。**三是质量分析拓展新维度**。今年的报告将产业、行业、企业质量提升合并在同一章进行分析，体现“宏观—中观—微观”的研究维度，方便读者更加全面、系统地了解上海市重点产业的质量全貌。

本书由上海市质量工作领导小组办公室、上海市市场监督管理局组织编撰，上海市质量工作领导小组各成员单位、各区质量工作领导小组及相关行业协会、企业集团公司提供相关数据信息，上海市质量和标准化研究院具体编写，在此感谢相关部门和相关同志在本书编撰过程中给予的鼎力支持。

由于时间仓促，书中错漏疏误之处在所难免，恳请广大读者批评指正，以便持续改进。

编写组

# 目　录

# 图

## 表

# 案例

2022

# 第一章　质量水平

2021 年，上海市总体质量水平持续保持高位。制造业产品质量竞争优势保持全国领先；公共服务质量满意度位列各省（区、市）第二；水利建设质量工作考核继续排名全国第一；空气和水环境质量均创有监测记录以来最好水平；主要卫生健康指标持续保持发达国家和地区领先水平。

# 一、产品质量

## （一）总体状况

### 1. 制造业质量竞争力指数①

据测算，2021 年上海市制造业质量竞争力指数为 95. 34，与上年持平，稳居于全国首位，高出全国平均水平 10 个标准分以上，连续四年稳定于卓越质量竞争力阶段（图 1）。

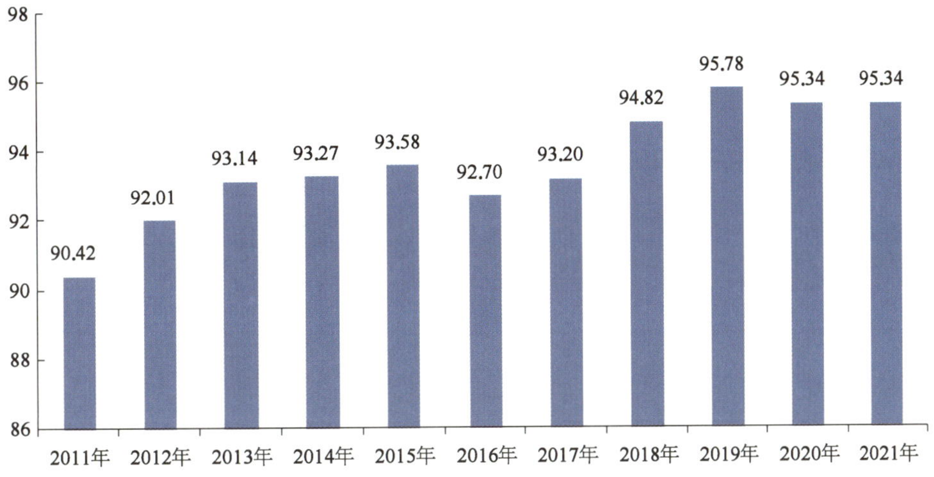


图 1　2011—2021 年上海市制造业质量竞争力指数

① 数据来源：中国航空综合技术研究所。

（1）具体指标分析

从二级指标看，质量水平维度总体得分为 92.80，位居全国第二位，相比全国平均水平高出 8.82 个标准分；发展能力维度得分为 97.86，继续保持全国第一，较全国平均水平领先 12.02 个标准分。

从三级指标看，质量效益与安全水平、核心技术能力、市场适应能力得分分别为 89.28、100、100，均排名全国第一，分别高出全国平均水平 6.07、8.87、14.47 个标准分。

从观测变量看，上海每万人发明专利数与人均产品销售收入长期稳定在 100，研究与试验发展经费比重、新产品销售比重和国际市场销售率连续两年保持 100，产品标准等级率连续 5 年位居全国第一，较全国平均水平的领先程度由 2017 年的 4.37 个标准分扩大到 2021 年的 10.50 个标准分（表 1）。

表 1　2021 年上海市制造业质量竞争力指数测算结果

| 一级指标 | 得分 | 二级指标 | 得分 | 三级指标 | 得分 | 观测变量 | 得分 |
|---|---|---|---|---|---|---|---|
| 质量竞争力指数 | 95.34 | 质量水平 | 92.80 | 标准与技术水平 | 95.46 | 产品标准等级率 | 98.22 |
| | | | | | | 工程技术人员比重 | 92.08 |
| | | | | 质量管理水平 | 92.29 | 每万人质量体系认证数 | 93.54 |
| | | | | | | 工业成本费用利润率 | 91.46 |
| | | | | 质量效益与安全水平 | 89.28 | 产品质量合格率 | 96.39 |
| | | | | | | 出口产品质量溢价 | 72.69 |
| | | 发展能力 | 97.86 | 研发与技改能力 | 92.88 | 研究与试验发展经费比重 | 100.00 |
| | | | | | | 技术改造经费比重 | 79.66 |
| | | | | 核心技术能力 | 100.00 | 每万人发明专利数 | 100.00 |
| | | | | | | 新产品销售比重 | 100.00 |
| | | | | 市场适应能力 | 100.00 | 人均产品销售收入 | 100.00 |
| | | | | | | 国际市场销售率 | 100.00 |

（2）与京津冀地区比对研究

2021 年，上海市制造业质量竞争力指数较京津冀地区平均水平（88.56）高出 6.78 个标准分（图 2）。

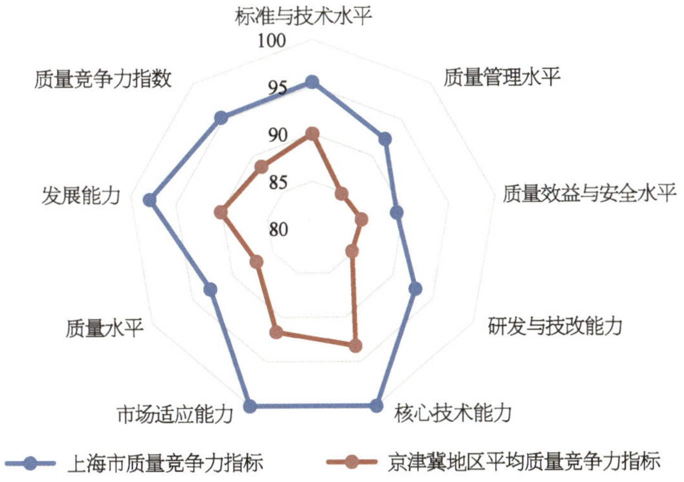


图 2　2021 年上海市制造业质量竞争力指数与京津冀地区平均水平对比

从具体省市一、二级指标看，上海市全面优于天津市与河北省，但质量水平相比北京市略有差距。在三级指标层面，上海市相比北京市呈现出“四高二低”的状况，在质量效益与安全水平、研发与技改能力、核心技术能力和市场适应能力方面领先于北京市，但标准与技术水平和质量管理水平两项指标相比北京市分别落后 2.13 和 1.44 个标准分。

（3）长三角地区比对研究

2021 年，上海市制造业质量竞争力指数相较长三角地区平均水平领先 3.43 个标准分（图 3）。

从各省市一、二级指标来看，上海市各项指标均领先于江苏、浙江和安徽三省。从各省市三级指标来看，标准与技术水平和研发与技改能力得分低于江苏和安徽两省，技术改造经费比重得分较安徽省也有差距。

### 2. 制造业产品质量合格率

2021 年，上海市制造业产品质量合格率统计调查共涉及 15 个行业 728 个样

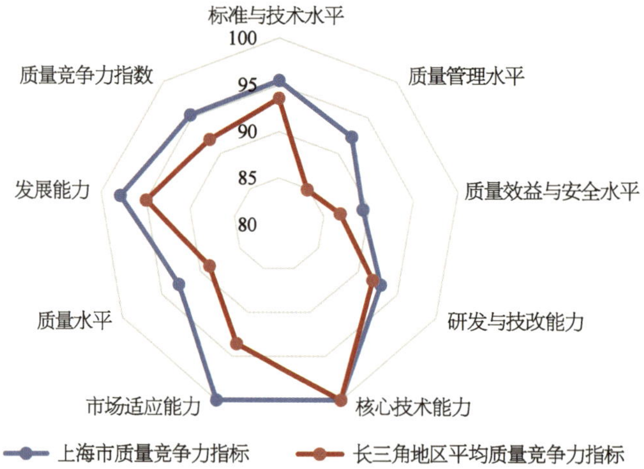


**图3　2021年上海市制造业质量竞争力指数与长三角地区平均水平对比**

本，702个样本合格，26个样本不合格，制造业产品质量合格率为97.12%（图4）。①

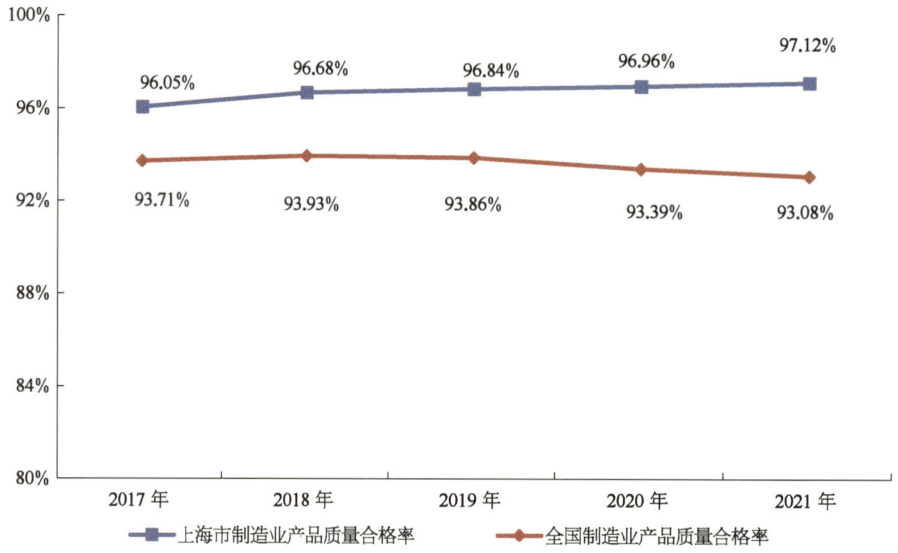


**图4　2017—2021年全国及上海市制造业产品质量合格率**

从行业细分领域来看，上海市食品制造、石油炼焦、化学制品、电子通信这4类制造业产品质量合格率为100%，金属制品、印刷业、仪器仪表、服装制造、橡胶制品、交通运输等6类制造业产品质量合格率在95%以上（表2）。

① 数据来源：国家统计局、上海市质量和标准化研究院。

表2　2021年上海市制造业产品质量合格率行业分类一览表

| 序　号 | 行　　业 | 样本数量（个） | 行业合格率（%） |
|---|---|---|---|
| 1 | 食品制造 | 24 | 100 |
| 2 | 石油炼焦 | 15 | 100 |
| 3 | 化学制品 | 68 | 100 |
| 4 | 电子通信 | 40 | 100 |
| 5 | 金属制品 | 51 | 98.04 |
| 6 | 印刷业 | 41 | 97.56 |
| 7 | 仪器仪表 | 38 | 97.37 |
| 8 | 服装制造 | 60 | 96.67 |
| 9 | 橡胶制品 | 26 | 96.15 |
| 10 | 交通运输 | 68 | 95.59 |
| 11 | 通用设备 | 75 | 94.67 |
| 12 | 电气机械 | 72 | 94.44 |
| 13 | 塑料制品 | 53 | 94.34 |
| 14 | 文体制造 | 52 | 94.23 |
| 15 | 家具制造 | 45 | 93.33 |

## （二）工业产品和消费品

### 1. 市场准入①

（1）工业产品生产许可证

2021年，上海市市场监督管理局制定实施《上海市工业产品生产许可管理实施办法（试行）》，印发《关于全面实施工业产品生产许可告知承诺改革的通知》，将实施生产许可管理的所有10类工业产品全部实行统一的告知承诺审批方式。全年核发证书200张，其中通过告知承诺核发162张，占证书总数的81.0%。

① 数据来源：上海市市场监督管理局。

截至 2021 年底，发证目录内生产地在上海市的工业产品生产许可证获证企业总数为 646 家，证书总数为 688 张。

（2）强制性产品认证

截至 2021 年底，上海市共有强制性产品认证有效证书 7 888 张。2021 年，上海市市场监管部门共接到 CCC 免办事项申请 23 909 批，其中发放免予办理强制性产品认证证明 23 254 张，占全国发证数 40.6%，货值金额 7.79 亿元。其中，发证数量排名前三的依次为直接为最终用户维修目的所需的零部件/产品类（17 615 批）；为科研、测试和认证检测所需的产品和样品类（3 799 批）；以整机全数出口为目的进口的零部件类（1 624 批）。

### 2. 事中事后监管①

（1）产品质量监督抽查

2021 年，上海市共对 5 623 家企业生产、销售的 173 种 7 324 批次产品开展质量监督抽查。发现不合格产品 1 000 批次，总体不合格发现率为 13.7%。其中，抽查上海市企业生产的产品 3 178 批次，发现不合格产品 318 批次，不合格检出率为 10.0%；抽查外省市及其他企业生产的产品 4 146 批次，发现不合格产品 682 批次，不合格检出率为 16.4%。产品质量监督抽查不合格检出率排名前三位的产品类别分别是日用产品，家用和类似用途的电器，皮制品、纺织品、服装、鞋类（表 3）。

表 3　2021 年上海市产品质量监督抽查不合格情况一览表

| 序号 | 产品分类 | 产品质量监督抽查批次数 | 不合格批次数 | 产品质量监督抽查不合格检出率 | 问题突出的不合格项目 |
|---|---|---|---|---|---|
| 1 | 日用产品 | 690 | 180 | 26.1% | 绝缘电阻和电气强度、防触电保护；最小厚度等 |
| 2 | 家用和类似用途的电器 | 1 921 | 416 | 21.7% | 稳定性和机械危险、爬电距离；1 GHz 以下辐射骚扰、电源端子传导骚扰等 |

① 数据来源：上海市市场监督管理局。

续 表

| 序号 | 产品分类 | 产品质量监督抽查批次数 | 不合格批次数 | 产品质量监督抽查不合格检出率 | 问题突出的不合格项目 |
|---|---|---|---|---|---|
| 3 | 皮制品、纺织品、服装、鞋类 | 794 | 130 | 16.4% | 耐湿摩擦色牢度、可分解致癌芳香胺染料等；吸湿速干性、防紫外线性能等 |
| 4 | 建筑装饰装修材料 | 359 | 42 | 11.7% | 结构安全性、对触及带电部件的防护；软管长度、弯曲性等 |
| 5 | 车辆及车辆配件 | 394 | 40 | 10.2% | 电气装置（短路保护）；颜色、外缘尺寸等 |
| 6 | 儿童和学生用品 | 916 | 83 | 9.1% | 结构安全（边缘及尖端）、挥发性化合物含量等；木材名称、儿童家具、儿童学习桌椅、婴幼儿安抚奶嘴产品等产品的标签标识不符合标准要求 |
| 7 | 信息技术设备 | 147 | 13 | 8.8% | 耐异常热等；头戴耳机的两个耳机的频率响应之差等 |
| 8 | 食品相关产品 | 989 | 50 | 5.1% | 溶剂残留量总量、铅（Pb）；负重性能、杯身挺度、感官指标等；吸奶器、一次性纸餐饮具等产品的标签标识不符合标准要求 |
| 9 | 消防和安防产品 | 253 | 20 | 7.9% | 耐火性能、接地电阻性能等 |
| 10 | 工业生产资料 | 743 | 25 | 3.4% | 导体电阻（20℃）等；上密封试验等 |
| 11 | 农业生产资料 | 34 | 1 | 2.9% | 农用薄膜的初滴时间、流滴失效时间不符合标准要求 |

2021 年，上海市对列入全国工业产品生产许可证发证产品目录的工业和商用电热食品加工设备、食品接触用塑料包装容器工具、水泥、密胺塑料餐具等 22 种产品开展质量监督抽查，共抽查 688 家企业生产的 984 批次产品，发现不合格产品 55 批次，不合格检出率为 5.6%。其中，抽查上海市 499 家企业生产的 609 批次产品，发现不合格产品 18 批次，不合格发现率为 3.0%。

2021 年，上海市对列入国家强制性产品认证目录的家用燃气快速热水器、电火锅、断路器、榨汁机、摩托车头盔等 52 种产品开展质量监督抽查，共抽查 1 560 家企业生产、销售的 1 910 批次产品，发现不合格产品 191 批次，不合格发现率为 10.0%。其中，抽查上海市 546 家企业生产的 643 批次产品，发现不合格产品 46 批次，不合格发现率为 7.2%。

2021 年，上海市对国家、上海市、外省市产品质量监督抽查不合格产品的生产、经销企业分别开展后处理工作共计 2 255 家次。其中，标称为上海市企业的有 1 575 家次，包括生产企业 693 家次，经销企业 882 家次；标称为外省市企业的有 680 家次，均移送企业所在地市场监管部门进行后处理。

（2）产品质量安全风险监测

2021 年，上海市共搜集产品质量安全相关的风险信息 16 000 余条。聚焦电商平台、专业市场等重点领域，开展食品相关产品等 332 批次产品风险实验室评估，发现存在风险的产品 127 批次，交办违法线索 68 个，均已依法依规处置。

### 案例 1　上海市开展儿童和学生用品质量安全守护行动

上海市市场监督管理局联合市教育委员会等部门，在全国产品质量监管领域发布首个《儿童和学生用品质量安全守护三年行动（2021—2023 年）》。《行动计划》聚焦可能造成机械物理、化学危害的高风险产品质量安全指标，包括玩具小零件、服装绳带安全、密胺餐具三聚氰胺迁移量等安全性指标；聚焦销售“三无”、无证（无生产许可证和未经 CCC 认证）、劣质儿童和学生用品等行为较多的小商品批发市场、城乡接合部集贸市场、学校周边商铺及电商平台等重点领域，开展儿童和学生用品质量安全守护行动，清理一批存在质量安全隐患的产品，查办一批违法案件，曝光一批典型案例。行动开展后，儿童玩具、儿童餐具、儿童护具等 8 类 23 种儿童学生用品跟踪抽查不合格发现率由 2020 年的 20.4% 下降至 2021 年的 9.8%；全市产品质量安全基本知识知晓度指数稳步提升至 85.97。

（3）认证监管

2021 年，上海市加大对消防产品、防爆电气设备、电动自行车及儿童玩具等领域强制性认证活动监管力度，通过“双随机、一公开”方式从上海市强制性产品认证获证组织中随机抽取 65 家进行现场检查，对发现问题的组织依法依规进行处置。

（4）缺陷消费品召回

2021 年，上海市共推动企业实施消费品召回 35 起，涉及产品数量 375 万余件（图 5）。

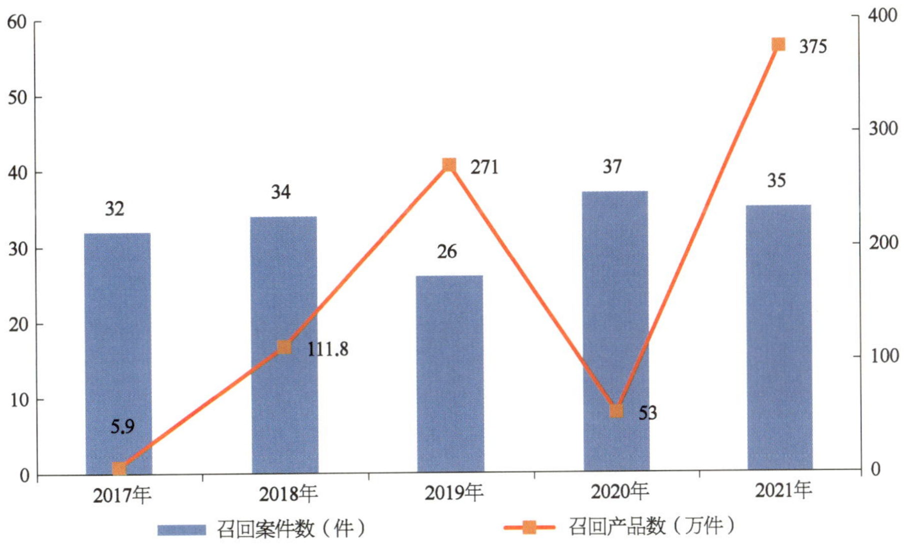


图 5　2017—2021 年上海市缺陷消费品召回案件数和产品召回件数

## （三）食品与食用农产品

### 1. 市场准入①

截至 2021 年底，上海市有效的食品生产、食品经营、特殊食品、食品添加剂、食品相关产品、国境口岸卫生等许可证共 336 363 张，较上年增长 8.46%。其中，食品生产（不含特殊食品生产、食品添加剂生产）许可证 1 385 张，主体业态为食品销售的食品经营许可证 203 878 张，主体业态为餐饮服务或单位食堂

① 数据来源：上海市市场监督管理局。

的食品经营许可证 129 634 张，特殊食品生产许可证 41 张，食品添加剂生产许可证 131 张，食品相关产品生产许可证 536 张，国境口岸卫生许可证 758 张。此外，全市有获得食品加工小作坊准许生产许可证企业 6 家；有实施临时备案的小型餐饮服务提供者 5 090 户。

### 2. 事中事后监管

（1）食品安全评价性抽检

2021 年，上海市共对 31 大类 14 361 件食品（包括食用农产品、特殊食品）开展了食品安全评价性抽检，涉及 420 项指标 13. 29 万项次。食品安全评价性抽检总体合格率为 99. 7%，较上年上升 0. 3 个百分点（图 6）。

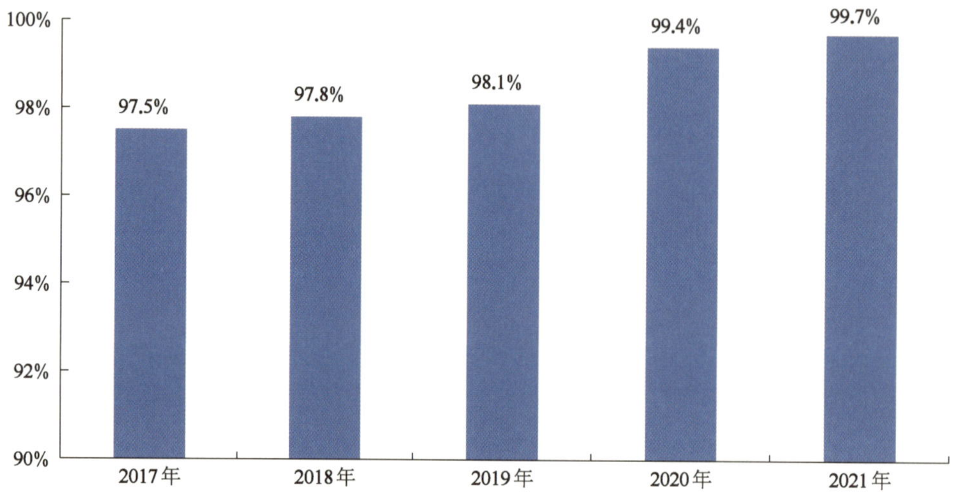


图 6　2017—2021 年上海市食品安全评价性抽检总体合格率

上海市食品安全评价性抽检结果显示，抽检的 31 大类食品中，饮料、食用油、油脂及其制品等 20 大类食品合格率达到 100%。淀粉及淀粉制品、餐饮食品、粮食加工品等 11 大类食品存在不合格情形（表 4），不合格项目主要为：木薯淀粉和红薯淀粉中检出菌落总数超标；餐饮具检出大肠菌群不合格；年糕中检出二氧化硫残留量，玉米粉中检出黄曲霉毒素 B1；市售海水蟹、海水虾、淡水虾以及其他水产品等重金属镉污染情况较为突出；其他水产品、贝类等水产品存在恩诺沙星和呋喃西林代谢物等兽药残留超标的情况。

表4　2021 年上海市各类食品安全评价性抽查情况一览表

| 序号 | 食品类别 | 监测件数 | 项次数 | 合格率（%） | 同比（%） |
|---|---|---|---|---|---|
| 1 | 粮食加工品 | 1 105 | 6 821 | 99.3 | -0.2 |
| 2 | 食用油、油脂及其制品 | 527 | 5 339 | 100.0 | 0.4 |
| 3 | 调味品 | 435 | 3 521 | 100.0 | 0.0 |
| 4 | 肉制品 | 704 | 9 855 | 99.9 | -0.1 |
| 5 | 乳制品 | 508 | 5 123 | 100.0 | 0.0 |
| 6 | 饮料 | 580 | 2 653 | 100.0 | 0.0 |
| 7 | 方便食品 | 355 | 2 892 | 100.0 | 0.3 |
| 8 | 饼干 | 261 | 3 882 | 100.0 | 0.0 |
| 9 | 罐头 | 36 | 280 | 100.0 | 0.0 |
| 10 | 冷冻饮品 | 128 | 1 486 | 100.0 | 0.0 |
| 11 | 速冻食品 | 371 | 1 986 | 99.7 | -0.3 |
| 12 | 薯类和膨化食品 | 143 | 1 446 | 100.0 | 0.0 |
| 13 | 糖果制品 | 305 | 1 720 | 100.0 | 0.0 |
| 14 | 茶叶及相关制品 | 140 | 2 145 | 100.0 | 0.0 |
| 15 | 酒类 | 356 | 1 869 | 100.0 | 0.0 |
| 16 | 蔬菜制品 | 275 | 1 574 | 99.6 | 0.0 |
| 17 | 水果制品 | 255 | 2 500 | 100.0 | 0.0 |
| 18 | 炒货食品及坚果制品 | 280 | 880 | 100.0 | 0.0 |
| 19 | 蛋制品 | 100 | 658 | 100.0 | 0.0 |
| 20 | 可可及焙烤咖啡产品 | 48 | 96 | 100.0 | 0.0 |
| 21 | 食糖 | 80 | 104 | 100.0 | 0.9 |
| 22 | 水产制品 | 241 | 1 768 | 99.6 | -0.4 |
| 23 | 淀粉及淀粉制品 | 128 | 512 | 98.4 | -1.6 |
| 24 | 糕点 | 496 | 8 624 | 99.4 | -0.6 |

续 表

| 序号 | 食 品 类 别 | 监测件数 | 项次数 | 合格率（%） | 同比（%） |
|---|---|---|---|---|---|
| 25 | 豆制品 | 328 | 3 350 | 99. 7 | -0. 3 |
| 26 | 蜂产品 | 20 | 218 | 100. 0 | 0. 0 |
| 27 | 特殊膳食食品 | 144 | 2 455 | 99. 3 | 0. 1 |
| 28 | 保健食品 | 208 | 3 086 | 100. 0 | 0. 0 |
| 29 | 婴幼儿配方食品 | 138 | 7 318 | 100. 0 | 0. 0 |
| 30 | 餐饮食品 | 568 | 2 465 | 98. 9 | -0. 3 |
| 31 | 食用农产品 | 5 098 | 46 233 | 99. 4 | 0. 7 |
| 总 计 | | 14 361 | 132 859 | 99. 7 | 0. 3 |

（2）食品监督性抽检

2021 年，上海市共监督抽检各类食品样品 159 687 件，涵盖种植养殖、生产、流通、餐饮、进出口等环节，总体合格率为 98. 7%（图 7）。

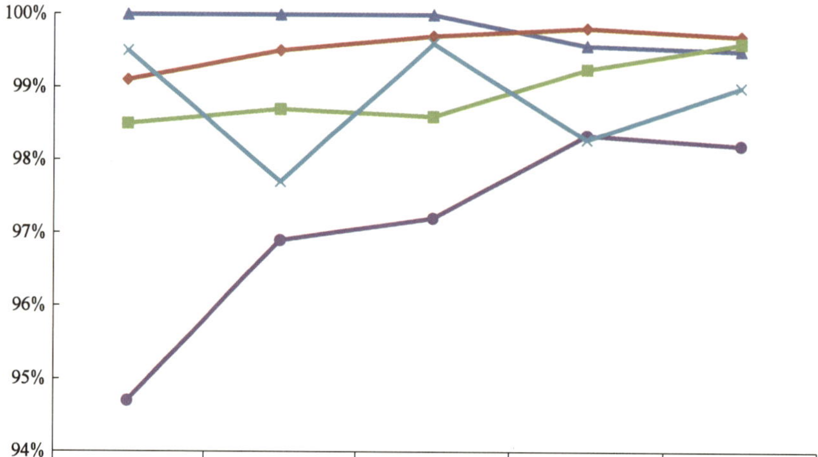


| | 2017 年 | 2018 年 | 2019 年 | 2020 年 | 2021 年 |
|---|---|---|---|---|---|
| 种植养殖 | 99.99% | 99.99% | 99.99% | 99.57% | 99.5% |
| 生产 | 99.1% | 99.5% | 99.7% | 99.81% | 99.7% |
| 流通 | 98.5% | 98.7% | 98.6% | 99.25% | 99.6% |
| 餐饮 | 94.7% | 96.9% | 97.2% | 98.34% | 98.2% |
| 进出口 | 99.5% | 97.7% | 99.6% | 98.28% | 99.0% |

图 7　2017—2021 年上海市各环节食品监督抽检合格率

食品抽检结果显示，食品安全不合格主要表现为微生物、禁用限用兽药残留、禁用限用农药残留、重金属等污染物、品质指标、食品添加剂、非法添加指标、标签等不合格。

（3）食品污染物及有害因素监测

2021 年，上海市开展食品污染物及有害因素监测，监测涵盖食用农产品种植养殖和收购、畜禽屠宰、食品生产加工、流通销售和餐饮服务等全部环节，监测点覆盖 16 个区的全部街镇，完成 30 972 件样品 684 473 项次监测项目。全市食品污染物及有害因素监测项次合格率为 99. 72%（表 5）。

表 5　2021 年上海市食品中污染物和有害因素风险监测情况

| 项 目 类 别 | 监测项次数 | 合格项次数 | 项次合格率（%） |
|---|---|---|---|
| 农兽药 | 479 765 | 479 630 | 99. 97% |
| 其他 | 57 218 | 57 175 | 99. 92% |
| 非食用物质 | 2 019 | 2 016 | 99. 85% |
| 微生物 | 37 003 | 36 901 | 99. 72% |
| 抗生素类 | 60 561 | 60 274 | 99. 53% |
| 食品添加剂 | 13 821 | 13 651 | 98. 77% |
| 重金属 | 34 086 | 32 937 | 96. 63% |
| 合　计 | 684 473 | 682 584 | 99. 72% |

食品污染物及有害因素监测结果显示，粮、肉、蛋、乳等大宗日常消费品的合格率均处于较高水平，蔬菜中农药残留和小麦及其制品中真菌毒素等固有风险点有所好转，全市食品安全总体情况继续稳定向好。

（4）食品安全违法犯罪案件查处

2021 年，上海市开展日常巡查、监督检查和专项执法检查共计 596 273 户次，发现问题企业 33 963 户次并要求整改或者予以处罚，查处食品安全违法案件

28 989 起，罚没款金额 1.2 亿元（图 8）。上海市公安部门侦破危害食品安全的犯罪案件 145 起，抓获犯罪嫌疑人 693 人。

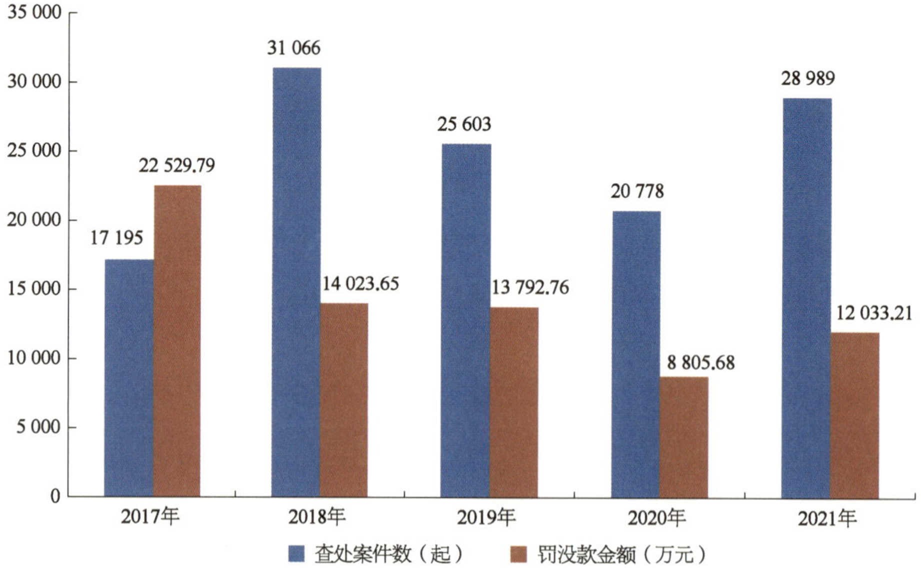


图 8　2017—2021 年上海市查处食品安全违法案件数和罚没款金额数

（5）食用农产品质量安全监管①

2021 年，上海市印发《上海市食用农产品“治违禁 促提升 控药残”三年行动实施方案》，针对豇豆、韭菜、鸡蛋、乌鸡等 11 个重点品种，严格上市农产品常规农兽药残留超标治理。全年检查农兽药生产经营单位 2 500 家次，淡水养殖单位、韭菜种植单位及其他种植主体 10 588 家次。

2021 年，上海市印发《关于进一步推进食用农产品合格证制度与食品安全信息追溯衔接工作的通知》，强化产地准出与市场准入衔接机制，统筹推进食用农产品合格证制度与食品安全信息追溯制度衔接融合。截至 2021 年底，全市 1 636 个生产主体实施合格证制度，累计开具合格证 449 万张，附证上市农产品 44.43 万吨。

2021 年，上海市共完成地产农产品定量检测 2.48 万批次，其中种植业产品 13 071 批次、畜禽产品 10 733 批次、水产品 993 批次，总体合格率达 99.6%。

① 数据来源：上海市农业农村委员会。

### 3. 绿色食品认证①

截至2021年底，上海市绿色食品认证率达27%，较上年提高3个百分点。其中，有效期内绿色食品企业944家、产品1 760个、产量123.08万吨；绿色食品获证产品从产业分布上以种植业产品为主，粮油类认证率66.83%、果品类认证率61.01%、蔬菜类认证率19.07%、西甜瓜认证率18.67%。

### 4. 地理标志农产品保护②

截至2021年底，上海市共有地理标志农产品16个，新增七宝黄金瓜，其证书持有人为闵行区农业技术服务中心，保护范围为七宝镇、华漕镇、浦江镇及浦锦街道4个镇（街道）的联明村、卫星村、汇红村、汇北村、光继村、汇南村、联民村、建东村、芦胜村、浦江村10个行政村所辖的行政区域，保护规模为1.045平方公里。

2021年，上海市依托中央专项支持，对庄行蜜梨、崇明金瓜、嘉定梅山猪三个地理标志农产品实施保护工程项目，重点围绕增强综合生产能力、提升产品质量和特色品质、扩大授权范围、加强品牌建设、推动信息化管理等方面，结合实际实施生产基地建设、生产设施及加工设备改造升级、种质资源保护和开发、绿色生产技术推广、生产档案电子化管理和信息化监管系统建设、管理制度完善、地标展示和产品宣传等一系列举措，打造引领乡村特色产业发展样板。

## （四）药品、医疗器械和化妆品③

### 1. 市场准入

截至2021年底，上海市共有药品生产企业203家，药品经营企业4 608家；医疗器械生产企业1 045家，医疗器械经营企业34 880家；化妆品生产企业213家。

① 数据来源：上海市农业农村委员会。
② 数据来源：上海市农业农村委员会。
③ 数据来源：上海市药品监督管理局。

## 2. 事中事后监管

（1）日常监管

2021 年，上海市完成药品质量抽检 11 092 件，涉及生产、经营、使用等环节，总体合格率 99. 7%（不合格率情况见图 9）。完成医疗器械质量抽检 486 件，合格率为 97. 0%。完成化妆品质量抽检 2 643 件，合格率 96. 9%，其中，生产和流通环节的质量抽检合格率分别为 98. 1%和 96. 4%。

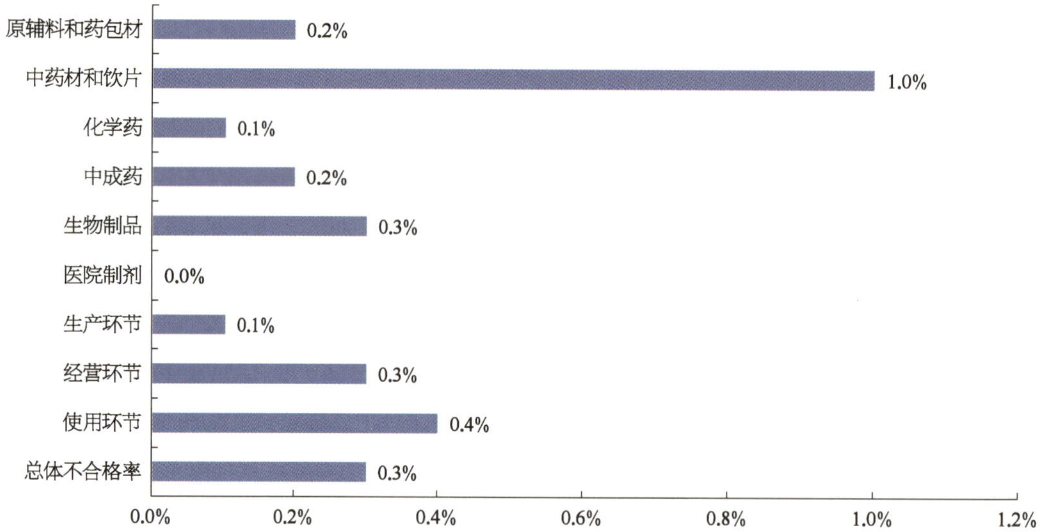


图 9　2021 年上海市药品质量抽检不合格率情况

（2）专项抽检

2021 年，上海市开展了妇女儿童常用药、国家集采中选药品、冬令进补中药等 3 类药品的专项抽检。其中，妇女儿童常用药和国家集采中选专项抽检合格率均为 100%，冬令进补合格率为 99. 0%。对医疗器械国家集中带量采购的 12 家上海企业中标产品进行全覆盖抽检。其中人工关节 59 批次、冠脉支架 5 批次，合格率均为 100%。

（3）行政执法

2021 年，上海市共查处药品案件 289 件，涉及物品总值 645 万元，查处医疗器械案件 636 件，涉及物品总值 6 453. 5 万元，查处化妆品案件 536 件，涉及物品总值 540. 9 万元。

## （五）特种设备①

### 1. 市场准入

截至2021年底，上海市特种设备生产单位（含设计、制造、安装、改造、修理以及移动式压力容器、气瓶充装单位）共持有特种设备许可证总数2 082本，较上年增长2.4%。全市办理使用登记的特种设备总量达708 243台（套），其中在用特种设备585 762台（套），同比增长7%。在用设备中，锅炉4 582台、压力容器（不含气瓶）119 568台、电梯292 614台、起重机械72 357台、场（厂）内专用机动车辆96 363辆、客运索道2条和大型游乐设施276台（套），另有各类气瓶约486万只（不含长期未流通的）和压力管道约1.5万千米（图10）。全市特种设备使用单位86 727家（按不同市场主体统计），特种设备作业人员和安全管理人员持证数419 385张。

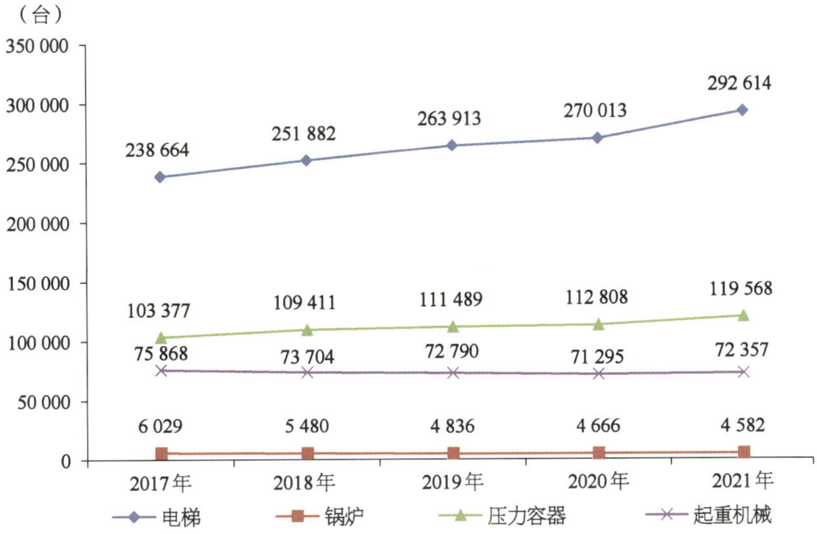


图10 2017—2021年上海市主要在用特种设备数量

### 2. 安全监管

2021年，上海市持续推进特种设备安全三年专项行动，开展一系列专项检查和隐患治理，检查单位30 345家次，检查设备44 679台（套），开具监察指令书

① 数据来源：上海市市场监督管理局。

2 669 份次，责令整改各类安全隐患问题 22 246 项次。

2021 年，全市共发生特种设备事故 9 起（均为一般事故），死亡 4 人，受伤 4 人，直接经济损失约 787.55 万元，事故数同比减少 1 起，死亡人数同比持平。全市万台特种设备死亡率为 0.068，为历年最低水平（图 11）。全年未发生特种设备较大以上事故，安全形势状况总体平稳可控。

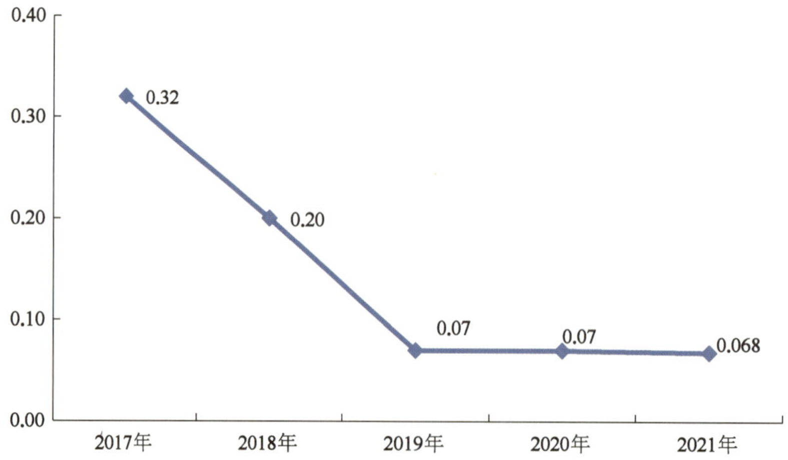


图 11　2017—2021 年上海市万台特种设备死亡率

## 二、服务质量

### （一）质量标准①

#### 1. 服务标准制修订

截至 2021 年底，上海市共有现行有效的服务业地方标准 117 项。2021 年，发布服务业地方标准 16 项，其中《技术转移竞争情报分析服务规范》《数据去标识化共享指南》《生鲜电商配送货服务规范》《电子竞技场馆运营服务规范》等为所在领域全国首个地方标准；立项服务业地方标准 23 项，其中制定 21 项、修订 2 项，总数较上年增加 2 项。其中，《政务服务“一网通办”业务规范》等 8 项标准获评“上海标准”。

① 数据来源：上海市市场监督管理局。

### 案例 2 《政务服务"一网通办"业务规范》助力政务服务质量提升

上海市人民政府办公厅和上海市质量和标准化研究院联合制定的《政务服务"一网通办"业务规范》，明确"掌上办"、"指尖办"、分类引导服务、集成套餐服务、场景式服务、"四减"、"两个免于提交"、"高效办成一件事"等政务服务要求，涉及18大领域97项服务场景应用，将"一网通办"服务理念和创新服务模式向公共服务、便民服务拓展，实现与企业和群众生产生活密切相关的服务全覆盖，推动政务服务由部门管理为中心向用户为中心转变。该标准的制定实施支撑上海"一网通办"政务服务品牌建设。"一网通办"入选2020年联合国全球电子政务调查报告经典案例，被列入2019、2020年国务院《政府工作报告》。上海在中央党校（国家行政学院）发布的《省级政府一体化政务服务能力调查评估报告（2021）》中全国排名第一。

截至2021年底，共有266项服务团体标准在上海市团体标准自我声明信息平台上进行自我声明公开，数量排名前五的依次为专业技术服务、互联网和相关服务、体育、软件和信息技术服务、商务服务（表6）。

表6　2021年上海市团体标准中主要服务标准类别一览表

| 序号 | 服务标准类别 | 数量（项） | 占比（%） |
|---|---|---|---|
| 1 | 专业技术服务 | 54 | 20.3% |
| 2 | 互联网和相关服务 | 28 | 10.5% |
| 3 | 体育 | 27 | 10.2% |
| 4 | 软件和信息技术服务 | 25 | 9.4% |
| 5 | 商务服务 | 18 | 6.8% |

### 2. 服务业标准化示范试点

（1）国家级服务业标准化试点

2021 年，老年人运动健康促进服务、母婴服务、工业旅游服务、大宗商品行业资讯与数据服务、人力资源服务、人力资源外包服务 6 项项目获批 2021 年度国家级服务业标准化试点项目。上海招商局智慧物业服务、上海钢银钢铁电商平台服务、上海小木屋旅游服务 3 项国家级服务业标准化试点项目通过现场验收评估。7 家企业获批国家级服务业（商贸流通专项）标准化试点企业，黄浦区获批国家级服务业（商贸流通专项）标准化试点城区，有力推动了商贸流通提质增效和内外贸一体化发展。

（2）市级服务业标准化试点

2021 年，上海市新立项服务业领域市级标准化试点项目 19 项，涉及航运、金融、现代供应链、在线新经济、人工智能、技术交易等服务领域。13 项市级服务业标准化试点通过验收，基于试点共孵化地方标准 1 项（已发布），团体标准 14 项（已发布 9 项，在研 5 项），企业标准 693 项（已发布）。

## （二）质量品牌

### 1. 政府质量奖

2021 年，在服务领域，上海交通大学医学院附属瑞金医院副院长陈尔真“传承发扬‘精益—精细—精进’的瑞金医院质量管理理念”获得 2021 年度上海市市长质量奖。医疗、文化、交通领域的 3 项先进质量管理模式和 1 项先进质量管理成果获得 2021 年度上海市质量金奖；63 家组织和 25 名个人获得区级政府质量奖。

### 2. “上海品牌”认证

2021 年，上海市共计 17 家企业的 18 项服务品牌通过“上海品牌”认证，其中，公共服务领域的获证数位居第一（图 12）。

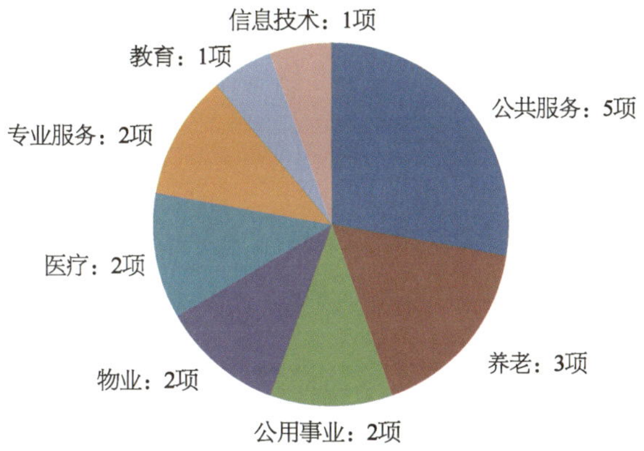


图 12　2021 年获得“上海品牌”认证的服务领域分布

## （三）质量测评①

2021 年，国家市场监督管理总局对公共教育、公共就业、医疗服务等 12 个领域开展全国公共服务质量监测。上海市公共服务总体满意度为 82.49 分（图 13），在全国 31 个省（区、市）中排名第二。其中，公共就业服务质量满意度排名第一，公共教育、公共就业、社会保障、公用事业、公共安全、政务服务等领域服务质量满意度在全国名列前茅。

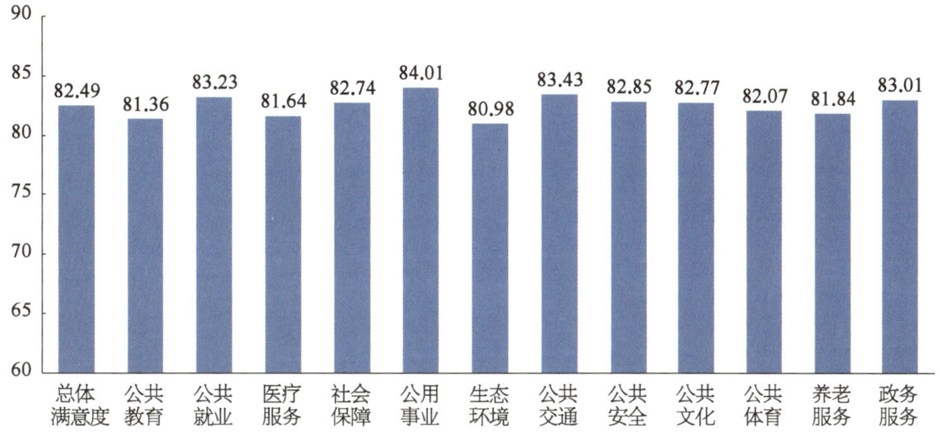


图 13　2021 年全国公共服务质量监测上海情况

① 数据来源：上海市市场监督管理局。

2021 年，上海市对公共交通、家政、公共文化、快递 4 个公共服务行业开展服务质量满意度测评。测评结果显示，4 个公共服务领域质量满意度总体得分为 84.64 分，继续保持在“满意”区间（表 7）。

表 7　2021 年上海市公共服务行业质量满意度一览表

| 序号 | 服务领域 | 质量满意度 | 评价得分较高的项目 |
|---|---|---|---|
| 1 | 公共交通 | 88.72 | 疫情防控工作、行车安全营运 |
| 2 | 公共文化 | 86.05 | 场所环境舒适整洁、场所硬件设施 |
| 3 | 快递 | 81.92 | 信息查询便捷性、送达的安全性 |
| 4 | 家政 | 81.87 | 家政人员服务态度、家政人员业务能力 |

# 三、工程质量

## （一）建设工程[①]

截至 2021 年底，上海市建设工程在建工地数 6 187 个，同比上升 12.3%；在建单位工程数 34 805 个，同比上升 7.4%；在建建筑面积 1.828 亿平方米，同比上升 7.9%。全年全市建设工程质量事故上报零起，建材检测平均合格率为 99.96%，同比上升 0.01 个百分点（表 8）；工程检测平均合格率为 99.98%，同比上升 0.01 个百分点（表 9）。

表 8　2021 年上海市建设工程建材检测合格率一览表

| 检　测　项　目 | | 检测量 | 不合格量 | 合格率 |
|---|---|---|---|---|
| 混凝土 | 抗压（商品） | 1 414 454 | 321 | 99.98% |
| | 抗渗（商品） | 71 745 | 6 | 99.99% |

① 数据来源：上海市住房和城乡建设管理委员会。

续 表

| 检 测 项 目 | | 检测量 | 不合格量 | 合格率 |
|---|---|---|---|---|
| 钢 材 | 原材 | 272 524 | 91 | 99.97% |
| | 焊接 | 275 229 | 151 | 99.95% |
| | 机械连接 | 104 314 | 248 | 99.76% |
| 砂浆（商品） | | 120 942 | 58 | 99.95% |
| 墙体材料 | | 13 268 | 68 | 99.49% |
| 防水材料 | | 13 674 | 14 | 99.90% |
| 节能材料 | | 23 066 | 28 | 99.88% |

表 9　2021 年上海市建设工程检测合格率一览表

| 检 测 项 目 | | 检测量 | 不合格量 | 合格率 |
|---|---|---|---|---|
| 基桩 | 低应变 | 828 228 | 460 | 99.94% |
| | 高应变 | 2 910 | 0 | 100.00% |
| | 静载 | 24 987 | 2 | 99.99% |
| 钢结构 | 焊缝 | 5 532 875 | 0 | 100.00% |
| 主体结构 | 混凝土强度 | 38 905 | 1 079 | 97.23% |
| | 钢筋保护层 | 71 846 | 4 | 99.99% |
| | 钢筋拉拔 | 25 818 | 6 | 99.98% |
| 节能现场 | 门窗气密性 | 1 953 | 3 | 99.85% |
| | 节能构造钻芯 | 4 750 | 14 | 99.71% |

2021 年，上海市开展安全生产条件专项抽查，共计抽查一级及以上资质建筑施工企业 56 家，开具安全生产条件责令改正通知书 55 份。对全市建筑行业开展 11 项专项检查，共涉及各类企业 911 家，开具各类行政措施单共 514 份，行政处罚立案 69 起。

## （二）水利工程[①]

2021 年，上海市水务工程在国家水利部质量考核工作中连续三年蝉联第一，连续七年获得 A 级。黄浦江上游水源地工程获国家优质工程奖，淀东水利枢纽泵闸改扩建工程、长兴潜堤后方滩涂圈围工程获中国水利工程优质（大禹）奖。

2021 年，上海市推动智慧监管、智慧建造，探索数字孪生在监督管理中的应用，开展关键工序在线实时验评、BIM+监督的正向运用研究；在竹园四期研发高精度智能控制系统，提高装配式结构整体施工质量；在杨树浦水厂改进外墙修缮工艺，提升英式古堡工业遗产文物保护水平；在崇明八滧港北闸利用自动测温系统，加强大体积混凝土裂缝控制。

2021 年，上海市水务监督管理部门组织开展四季综合大检查、夜间及节假日巡查、危大工程安全检查、区监水务项目检查、水利监理行为检查，累计开展检查 612 项次，发现各类问题 4 600 余条。

## （三）交通工程[②]

2021 年，上海市公路工程质量监督抽查总体合格率在 95%以上，2 项工程项目入选交通运输部平安百年品质工程创建示范项目（第一批）。全年完成 121 个缓拥堵项目和 115 条精品示范路创建，累计完成 35 个高品质慢行交通空间改善项目。“四好农村路”提档升级改造 595 公里、安全隐患整治 421 处，创建市级示范镇 15 个、示范路 185 条。开工建设 8 300 余个公共泊位，完成 57 个停车难综合治理先行项目创建。中心城区新增 110 个出租汽车候客站点，全市新增 2 万根新能源汽车充电桩，完成 27 座新能源出租汽车充电示范站建设。

---

① 数据来源：上海市水务局。

② 数据来源：上海市交通委。

# 四、人居质量

## （一）生态环境

### 1. 环境空气质量①

2021 年，上海市环境空气质量六项指标年均浓度连续两年全面达标。环境空气质量指数（AQI）优良天数为 335 天，AQI 优良率为 91.8%。细颗粒物（$PM_{2.5}$）年均浓度为 27 微克/立方米，二氧化硫（$SO_2$）、可吸入颗粒物（$PM_{10}$）、二氧化氮（$NO_2$）年均浓度分别为 6 微克/立方米、43 微克/立方米、35 微克/立方米，均为有监测记录以来最低值；臭氧（$O_3$）浓度为 145 微克/立方米②，一氧化碳（CO）浓度为 0.9 毫克/立方米（图 14）③。

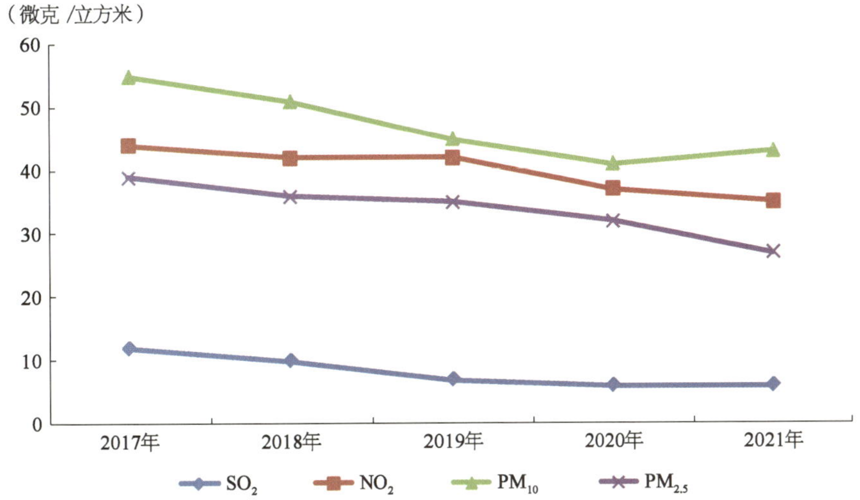


图 14 2017—2021 年上海市空气质量主要污染物年均浓度

---

① 数据来源：《2021 上海市生态环境状况公报》。

② 根据《环境空气质量评价技术规范（试行）》（HJ 663—2013），臭氧和一氧化碳年度评价指标分别为日最大 8 小时平均第 90 百分位数和 24 小时平均第 95 百分位数。

③ 2021 年起，环境空气质量自动监测国控点数量调整，因此 2021 年环境空气质量指数（AQI）以及 $PM_{2.5}$、$PM_{10}$、$SO_2$、$NO_2$、$O_3$、CO 等六项主要污染指标的相关数据与 2020 年及历年已发布数据仅作总体趋势判断，不作绝对比较。

### 2. 水环境质量

2021 年，上海市地表水环境质量稳中有升，在用集中式饮用水水源水质状况保持稳定。全市主要河湖断面中，Ⅱ～Ⅲ类水质断面占 80.6%，Ⅳ类断面占 18.7%，Ⅴ类断面占 0.7%，无劣Ⅴ类断面（图 15）。上海市 4 个在用集中式饮用水水源水质全部达标（达到或优于Ⅲ类标准）。①

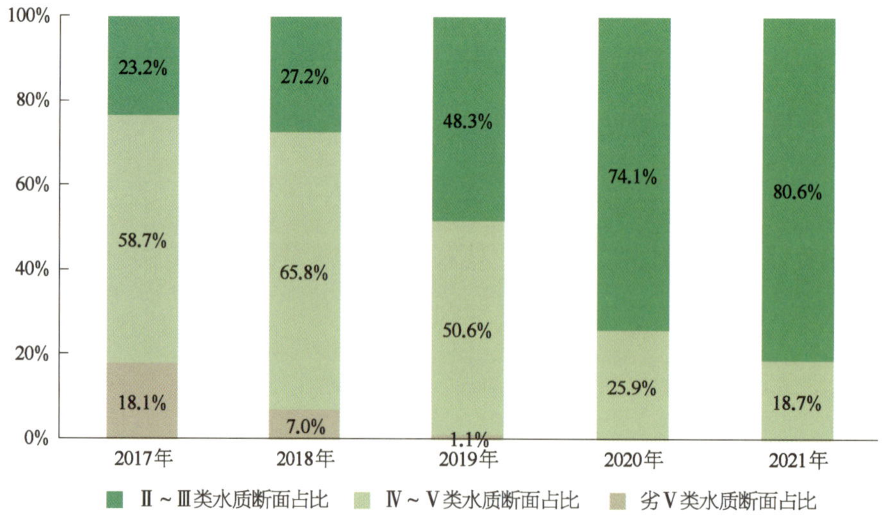


**图 15　2017—2021 年上海市地表水环境质量状况**

### 3. 声环境质量

2021 年，上海市区域环境噪声和道路交通噪声均基本保持稳定。

（1）区域环境噪声

全市区域环境噪声昼间时段的平均等效声级为 54. 0 dB(A)，较 2020 年下降 0. 2 dB(A)；夜间时段的平均等效声级为 47. 7 dB(A)，较 2020 年下降 0. 1 dB(A)。昼间时段有 97. 5%的测点达到好、较好和一般水平，夜间时段有 86. 4%的测点达到好、较好和一般水平。近 5 年的监测数据表明，上海市区域环境噪声昼间时段平均在 54. 0~56. 0 dB(A)，夜间时段平均在 47. 0~49. 0 dB(A)，总体保持稳定（图 16）。

---

① 2021 年全市主要河湖监测断面总数为 273 个，较 2020 年增加 14 个。因此，2021 年全市高锰酸盐指数、氨氮、总磷等主要指标的相关数据与 2020 年及历年已发布数据仅作总体趋势判断，不作绝对比较。

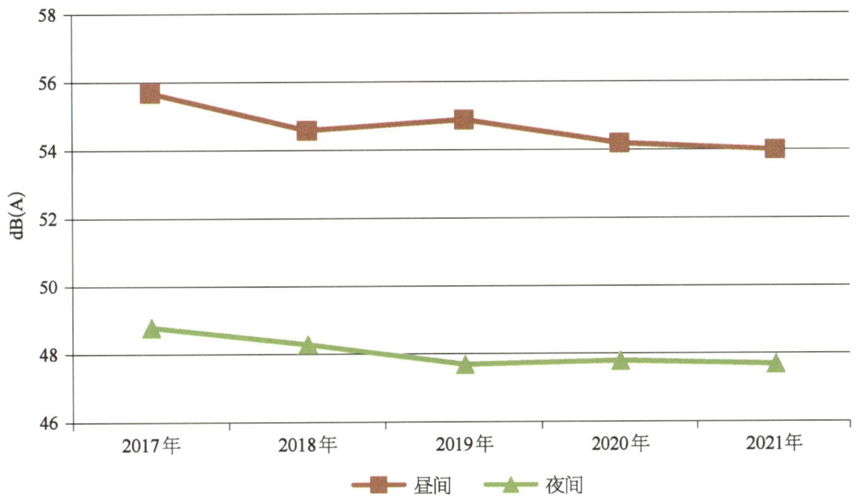


图 16 2017—2021 年上海市区域环境噪声变化趋势图

（2）道路交通噪声

全市道路交通噪声昼间时段的平均等效声级为 68.4 dB(A)，较 2020 年上升 0.2 dB(A)；夜间时段的平均等效声级为 63.6 dB(A)，较 2020 年上升 0.2 dB(A)。昼间时段评价为好、较好和一般水平的路段占监测总路长的 92.5%，夜间时段评价为好、较好和一般水平的路段占监测总路长的 38.1%。近 5 年的监测数据表明，上海市道路交通噪声昼间时段总体稳定在 68.0～70.0 dB(A)，夜间时段稳定在 63.0～65.0 dB(A)（图 17）。

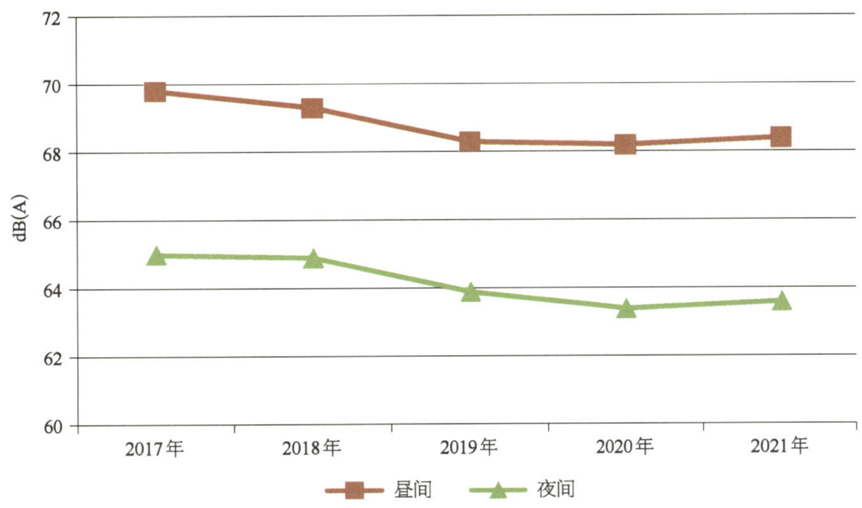


图 17 2017—2021 年上海市道路交通噪声变化趋势图

## （二）市容绿化①

### 1. 市容市貌

2021年，上海市新建“美丽街区”100个，总数累计达452个；完成苏州河“生活秀带”20.2平方公里公共空间环境品质提升522项计划任务；优化公共空间休憩座椅9 508处；推进苏州河28座跨河桥梁、40多公里两岸公共空间和600余栋幢楼宇景观灯光建设、改造与提升；完成100余处红色文化资源遗迹景观照明专项建设任务；全面推进户外广告招牌专项整治工作，拆除违法户外广告招牌9 600块，整治1.5万余块；评选命名40条市级户外招牌特色道路（区域）。

### 2. 绿化林业

2021年，上海市新增森林面积8.9万亩，新建8个千亩以上开放休闲林地；新建绿地1 031.8公顷、绿道212.6公里、立体绿化40.6万平方米，人均公园绿地面积达8.7平方米；新增公园126座，公园增加至532座（图18），共青森林公园、滨江森林公园、世纪公园免费开放，新增延长开放公园39座；推进16万箱“申字型”高架沿口摆花，创建城市林荫道54条（段）、绿化特色道路17条。

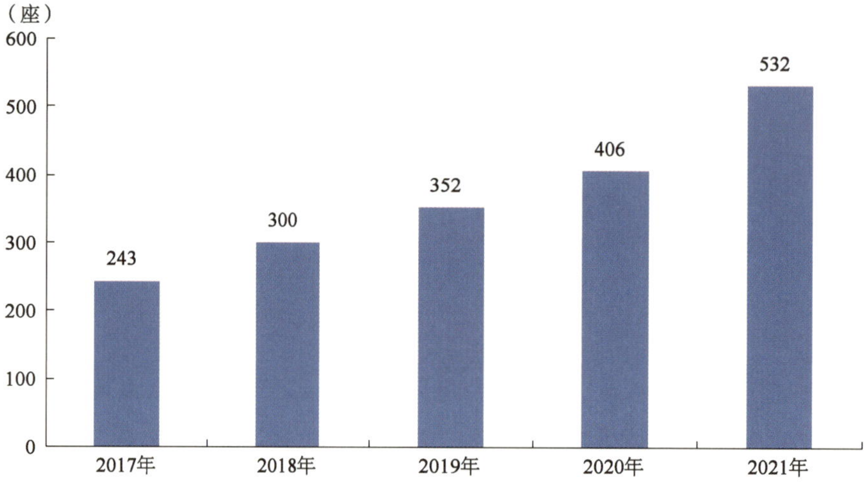


图18 2017—2021年上海市公园数量

① 数据来源：上海市绿化和市容管理局。

### 3. 生活垃圾分类

2021 年，上海市在国家住房和城乡建设部对全国垃圾分类试点城市考核中继续位列第一。居住区（村）和单位垃圾分类达标率均保持在 95%，湿垃圾分出量约占干湿垃圾总量的 40%左右，生活垃圾回收利用率达到 40%。垃圾分类实效市民评价调查显示，94%以上市民对垃圾分类工作给予“五星好评”。

2021 年，上海市累计完成 2.1 万个分类投放点规范化改造，升级改造 2.2 万组道路废物箱投放口，建成 1.5 万个可回收物回收服务点、198 个中转站、15 个集散场。全市已建成 25 座重点环卫末端处置设施，湿垃圾资源利用和干垃圾焚烧处理能力达到 3.1 万吨/日，提前实现原生生活垃圾零填埋（图 19）。

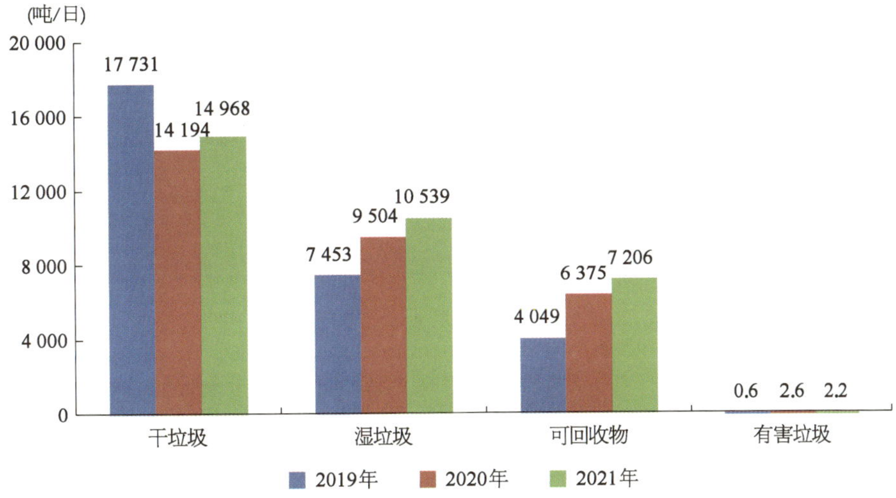


图 19　2019—2021 年上海市各类生活垃圾日平均分出量

## （三）医疗卫生

2021 年，上海市市民平均预期寿命 84.11 岁、婴儿死亡率 2.30‰、孕产妇死亡率 1.60/10 万，持续保持发达国家和地区领先水平。[①]

2021 年，上海市互联网医院总数增至 76 家，标准化智慧健康驿站增至 238 家。七大重点应用场景实现市级医院和 16 个区全覆盖，互联互通互认应用项目

① 数据来源：上海市卫生健康委员会。

从44项增至111项。全年完成21家区域性医疗中心服务的能力评估和认定，已建成开放46家示范性社区康复中心，建成35个全国示范性城乡老年友好型社区和534家老年友善医疗机构。目前，上海市所有社区卫生服务中心均达“国家优质服务基层行”基本标准，家庭医生“1+1+1”签约超860万人，重点人群签约率77%。企业标准《全血及成分血质量检查要求》获评“上海标准”。

## 案例3　古美社区卫生服务中心推行“3H”健康管理模式

上海市闵行区古美社区卫生服务中心负责保障6.5平方公里内15.2万常住人口的基本医疗健康。该中心坚守“关爱、厚德、创新、奉献”的核心价值观，坚持将“守护居民全方位全生命周期健康”作为使命，以“成为具有全国领先水平的社区卫生服务中心”为愿景，结合区域和行业特点，创建以守护居民全方位全生命周期健康（Health）为核心，以家庭（Home）作为服务阵地，以社区医院（Hospital）作为管理阵地的三位一体“3H”健康管理模式。通过建立1个中心、7个社区卫生服务站、39个家庭医生工作室，构建15分钟步行医疗圈，解决签约居民最后一公里就医问题。通过推行“3H”健康管理模式，不断提升医疗卫生服务质量，获得“全国示范社区卫生服务中心”“全国百强社区卫生服务中心”“2021年度上海市质量金奖”等荣誉称号。

2022

# 第二章　质量发展

2021 年，上海市大力实施质量变革创新，在智能制造、质量管理数字化转型等方面开展新探索；大力推动质量品牌建设，在第四届中国质量奖评选中再创新佳绩。大力开展质量提升行动，长三角区域质量提升一体化工作形成新突破，质量强区不断涌现真抓实干新典型。

# 一、创新驱动

## （一）科技创新

### 1. 科创中心建设

《全球科技创新中心评估报告 2021》显示，在全球近 200 个主要创新城市或都市圈中，上海市排名第九，首次进入前十。①

《中国区域科技创新评价报告 2021》显示，上海地区综合科技进步水平指数继续排名全国第一，连续 4 年位居榜首。《2021 年全球创新指数报告》公布的全球最佳科技集群排名中，上海市位列全球第八位，排名再创新高。《2021 亚太知识竞争力指数》显示，在 53 个评价地区的知识竞争力指数中上海市位列第四位，与去年相同，连续 8 年进入前十名。②

### 2. 高新技术

2021 年，上海市的专利授权量为 17.93 万件，较上年增长 28.3%。其中，发明专利 3.29 万件，增长 35.7%，每万人口高价值发明专利拥有量达 34.2 件，较上年增长 15.7%。全年共认定高新技术成果转化项目 556 项。其中，电子信息、生物医药、新材料、先进制造与自动化等重点领域项目占 84.53%③。截至 2021

---

① 数据来源：上海市经济信息中心。
② 数据来源：《2021 上海科技进步报告》。
③ 数据来源：《2021 年上海市国民经济和社会发展统计公报》。

年底，累计认定高新技术成果转化项目 14 341 项。

2021 年，上海市科技小巨人和科技小巨人培育企业累计近 2 500 家，技术先进型服务企业 250 家，全年共认定高新技术企业 7 015 家，高新技术企业总数超过 2 万家（图 20）①。转化医学国家重大科技基础设施（上海）、上海超强超短激光实验装置投入运行，大科学设施和研发与转化功能型平台集聚效应显现、运行能效不断提升。

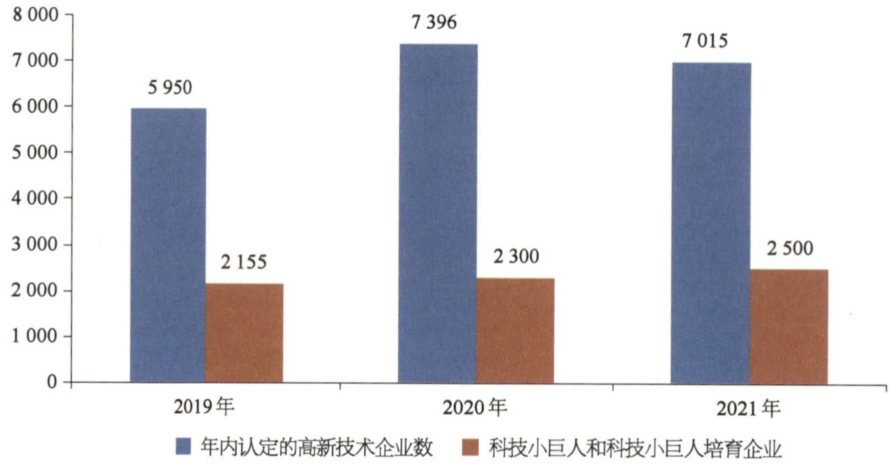


图 20　2019—2021 年上海市高新技术企业数、科技小巨人和科技小巨人培育企业数

### 3. 质量科研

2021 年，上海市市场监管系统荣获 2020 年度上海市科技进步奖三等奖 3 项，获得“市场监管科研成果奖”② 三等奖 3 项。组织开展“美好生活 市监相伴”百部优秀科普作品“进社区”活动，总访问量达到 3 375. 51 万人次。

截至 2021 年底，上海市建有国家质检中心 16 家，新获批市场监管重点实验室 2 个，国家药监局重点实验室 8 个，建有“市场监管科普基地” 1 个，科技成果转化基地 1 个。2021 年，推进国家重大科学仪器设备开发专项“跨尺度微纳米测量仪的开发与应用”完成综合验收。

① 数据来源：《2021 年上海市国民经济和社会发展统计公报》。

② 市场监管科研成果奖是国家市场监督管理总局设立，并经中央批准的奖项。

## （二）质量攻关①

2021 年，上海市共有 231 个项目申报上海市重点产品质量攻关成果（图 21）。其中，49%的申报项目达到国际先进水平。

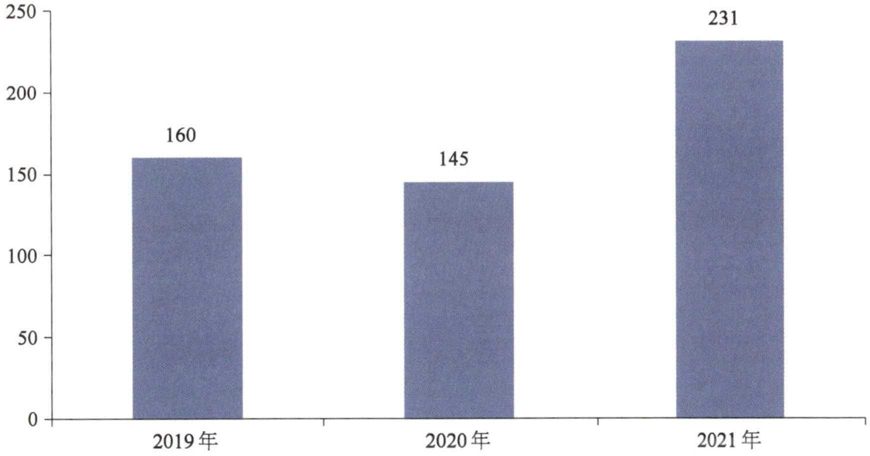


图 21　2019—2021 年上海市重点产品质量攻关成果项目申报数

申报项目中，189 个项目属于电子信息、高端装备等六大重点产业集群，占 82%。34 个项目属于集成电路、生物医药和人工智能三大先导产业，占 15%（图 22）。

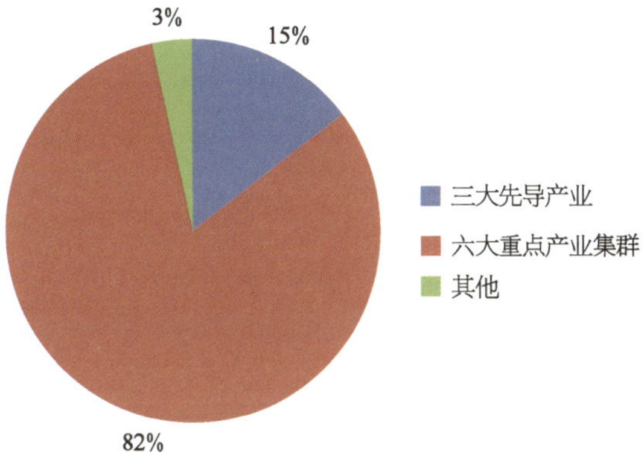


图 22　2021 年上海市重点产品质量攻关成果申报项目的领域分布情况

2021 年，231 个申报项目为企业共新增利润 25.56 亿元，节能降耗 38.11 亿元，节汇创汇 22.27 亿元（图 23）。其中，《0.11 微米车载 MCU 产品可靠性攻

① 数据来源：上海市市场监督管理局。

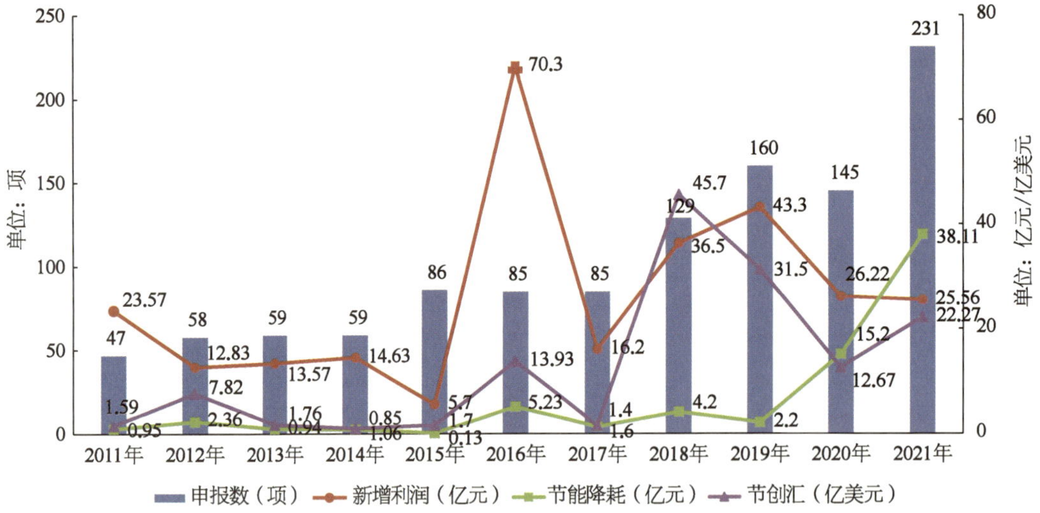


图 23　2011—2021 年上海市重点产品质量攻关成效

关》等 50 个项目被评为 2021 年上海市重点产品质量攻关成果。

2021 年上海市重点产品质量攻关成果中，涉及航空航天、船舶海工、轨道交通等高端制造占成果总数 46%，在集成电路、人工智能等领域实现零的突破；共有 17 项成果涉及智能制造、智能在线检测、智能网联等数字化技术，占成果总数的 34%，充分反映以数字化制造、智能制造提高质量效益已成为新时期企业质量提升的有效途径。小微企业申报项目共 72 项，其中 12 项被认定为质量攻关成果，占成果总数的 24%，较上年增长 19 个百分点，体现出小微企业参与质量改进的积极性不断增强。

### 案例 4　上海华虹宏力半导体制造有限公司填补国内车载 MCU 空白

MCU 是整合外设形成的芯片级计算机，能够用软件控制来取代复杂的电子线路控制系统，实现智能化以及轻量化控制。上海华虹宏力半导体制造有限公司攻关团队采用 DFM 设计理念，使用前期电路仿真、版图合规性检、计算机图形识别及自动修正、光刻胶布图仿真修正等手段达成 0 设计缺陷；引入在线工艺“0 缺陷管理”机制，对关键工艺，100%启用KLA缺陷扫描检查，收紧晶圆因缺陷报废卡控标准，严格管控产品在线标准。通过TCAD仿真漏电模型，提出版图自动查找和修正解决方案。制定新的存储单元浮栅（多晶硅）的厚度，引入新的化学机械研磨工艺；围绕终端客户使用条件，采用严格质量筛选方法测试，部分测试值采用了严苛的边界条件AVG+/－6Sigma，确保产品出货满足汽车电子高可靠性要求。通过质量攻关，MCU的可擦写次数（一项MCU的关键可靠性指标）从2万次提升到>10万次。与质量攻关相关晶圆销售额增加7 898万元，生产成本降低10%~13%，形成了自主研发的，完全自主可控的国产汽车电子平台，在200 nm晶圆代工领域达到国际领先水平，填补了国内0.11纳米节点车载MCU空白。

## （三）数字化转型

2021年，上海市城市数字化转型工作领导小组办公室发布《推进上海经济数字化转型 赋能高质量发展行动方案（2021—2023）》和《推进上海生活数字化转型 构建高品质生活行动方案（2021—2023）》。

《推进上海经济数字化转型 赋能高质量发展行动方案（2021—2023）》提出，到2023年，将上海打造成为世界级的创新型产业集聚区、数字经济与实体经济融合发展示范区、经济数字化转型生态建设引领区、成为数字经济国际创新合作典范之城。

《推进上海生活数字化转型 构建高品质生活行动方案（2021—2023）》提出，到2023年，建成至少50个生活数字化转型标杆场景、新建电动汽车充电桩超过5万根、新建智能快件箱1.2万组、建设数字化转型示范医院30家、数字校园覆盖超过90%、数字酒店超过1 000家等。

### 1. 智能制造①

2021年，上海市继续推进《上海市建设100+智能工厂专项行动方案（2020—2022年）》。5家企业获评2021年度智能制造示范工厂（表10），20个场景获评2021年度智能制造优秀场景②，数量均排名全国省市第一，成为2021年度智能制造试点示范“双料冠军”城市。获评企业和场景覆盖上海市电子信息、汽车、高端装备、生命健康、先进材料、时尚消费品六大重点产业。

表10 “2021年度智能制造示范工厂揭榜单位”上海市企业入选一览表

| 序号 | 企业名称 | 智能工厂名称 |
|---|---|---|
| 1 | 上海航天设备制造总厂有限公司 | 航天器复杂构件智能制造示范工厂 |
| 2 | 上海延锋金桥汽车饰件系统有限公司 | 汽车饰件智能制造示范工厂 |
| 3 | 上海新时达机器人有限公司 | 工业机器人智能制造示范工程 |
| 4 | 上海航发商用航空发动机有限责任公司 | 商用航空发动机智能制造示范工厂 |
| 5 | 光明乳业股份有限公司 | 乳制品全产业链智能制造示范工厂 |

### 2. 质量领域数字化转型典型案例③

2021年，上海市质量工作领导小组办公室发布上海市企业质量管理领域数字化转型“十佳案例”。“城市地下空间数字化质量管理体系”等10个项目获评“十佳案例”；“以MBD数字化手段提升卫星研制质量”等20个项目获评“优秀案例”。通过产业发展、生活保障及城市治理等方面数字化转型，实现质量管理从“单点管理”转变为“全链推进”，从“被动应付”转变为“主动引领”，从“问题处理”转变为“源头治理”（表11）。

① 数据来源：上海市经济和信息化委员会。

② 根据工业和信息化部、国家发展和改革委员会、财政部、国家市场监督管理总局发布的《2021年度智能制造示范工厂揭榜单位名单》和《2021年度智能制造优秀场景名单》，全国共评出110家智能制造示范工厂、241个智能制造优秀场景。

③ 数据来源：上海市市场监督管理局。

表 11　2021 年度上海市企业质量管理领域数字化转型“十佳案例”名单

| 序号 | 案　例　名　称 | 企　业　名　称 |
|---|---|---|
| 1 | 城市地下空间数字化质量管控体系 | 上海勘察设计研究院（集团）有限公司 |
| 2 | 卫星总装数字化精益生产 | 上海卫星装备研究所 |
| 3 | 生活垃圾处理智慧精准处理体系 | 上海城投环境（集团）有限公司 |
| 4 | 可视化、数字化核电设计质量管理平台 | 上海核工程研究设计院有限公司 |
| 5 | 数字化工厂质量控制闭环 | 上海汽车集团股份有限公司乘用车公司 |
| 6 | 疫苗流通质量数字化保障 | 国药控股上海生物医药有限公司 |
| 7 | 电力供应数字化多维精益管理体系 | 国网上海市电力公司 |
| 8 | 高端医疗器械产品全生命周期数字化质量管理 | 上海微创医疗器械（集团）有限公司 |
| 9 | 商用航空发动机装配数字化质量控制 | 中国航发上海商用航空发动机制造有限责任公司 |
| 10 | 汽轮机数字化精益生产管控 | 上海电气电站设备有限公司上海汽轮机厂 |

### 3. 数字化标准化建设①

2021 年，上海市立项汽车工业互联网云平台、智能配电用断路器智能制造等 8 项标准化试点项目，验收完成电机智能制造数字化车间、自动化集装箱码头体系研究、城市智能交通综合管控团体标准试点等 6 项标准化试点项目。上海市发布的《数据去标识化共享指南》成为全国首个数据去标识化共享利用的地方标准。

截至 2021 年底，上海市建有数字化相关地方标准化技术委员会 7 个，上海企事业单位参与制定数字化相关国家标准 55 项，发布《电子商务服务平台》等数字化相关的地方标准 31 项。

① 数据来源：上海市市场监督管理局。

# 二、质量提升

## （一）质量激励①

### 1. 政府质量奖

上海市推进实施市区两级政府质量奖励制度，树立一批国家级、市级、区级质量标杆，有力推动具有国际竞争力的质量高地建设。截至2021年底，上海市累计获得中国质量奖（含提名奖）35项，累计评选上海市市长质量奖35项、上海市质量金奖274项。

（1）中国质量奖

2021年，第四届中国质量奖评选结果在中国质量（杭州）大会上正式揭晓，共计9家组织及1名个人获第四届中国质量奖；80家组织和9名个人获提名奖。上海市的银行间市场清算所股份有限公司获第四届中国质量奖，是金融领域首家获奖组织；中微半导体设备（上海）股份有限公司等7家组织获提名奖（表12）。

**表12　2021年上海市获第四届中国质量奖提名奖一览表**

| 序号 | 公司名称 | 质量管理模式 |
|---|---|---|
| 1 | 中微半导体设备（上海）股份有限公司 | 中微“三全、三重保险、三个满意”的质量管理模式 |
| 2 | 联合利华（中国）投资有限公司 | “使命引领，契合未来”的管理模式 |
| 3 | 益海嘉里金龙鱼粮油食品股份有限公司 | “世界品质 健康中国”的“四全一新”质量管理模式 |
| 4 | 上海申通地铁集团有限公司 | “通向都市新生活”的地铁质量管理模式 |
| 5 | 上海人才服务行业协会 | “四位一体”质量管理模式 |
| 6 | 上海空间电源研究所载人航天电源系统班组 | “顶天立地”两翼九宫格创“心”质量管理模式 |
| 7 | 上海交通大学医学院附属瑞金医院内分泌代谢科 | 以患者需求为驱动的七大体系内分泌疾病全程质量管理模式 |

① 数据来源：上海市市场监督管理局。

（2）上海市政府质量奖①

2021 年，2 项先进质量管理成果获上海市市长质量奖。10 项先进质量管理模式、5 项先进质量管理成果获上海市质量金奖（表 13）。

表 13 2021 年度上海市政府质量奖获奖名单

| 上海市市长质量奖 | |
|---|---|
| 先进质量管理成果 | 传承发扬“精益—精细—精进”的瑞金医院质量管理理念——陈尔真（上海交通大学医学院附属瑞金医院副院长） |
| | 创建“1-2-3-4-5”上海航天精细化质量管理成果——张宏俊（上海航天技术研究院院长） |
| **上海市质量金奖** | |
| 先进质量管理模式 | 高质可信的“CPU”质量管理模式——上海计算机软件技术开发中心 |
| | “全过程数字化”质量管控模式——上海艾为电子技术股份有限公司 |
| | “三位一体”的“3H”健康管理模式——上海市闵行区古美社区卫生服务中心 |
| | 均等优质的“全域”公共文化服务创新管理模式——上海市嘉定区图书馆 |
| | “五心五一流”军工质量管理模式——上海机电工程研究所 |
| | “LEAD 创新驱动”质量管理模式——上海国际港务（集团）股份有限公司尚东集装箱码头分公司 |
| | “两化+两全”现代中药质量管理模式——上海和黄药业有限公司 |
| | 基于“五条线”战略布局的“123”创新质量管理模式——上海勘察设计研究院（集团）有限公司 |
| | “双四位一体+五字方针”的城市建设更新质量管理模式——上海静安置业（集团）有限公司 |
| | “战略引领、创新融合、集成高效、智慧设计”的集团型综合集成质量管理模式——华东建筑集团股份有限公司 |

① 根据上海市评选表彰有关规定要求，自 2021 年度起，上海市政府质量奖包括“上海市市长质量奖”和“上海市质量金奖”，均分为“先进质量管理模式”和“先进质量管理成果”。

续 表

| 上海市质量金奖 | |
|---|---|
| 先进质量管理成果 | 构建实施“4－3－4”核医学科质量管理体系——石洪成（复旦大学附属中山医院核医学科主任） |
| | 锻造全业务链延伸覆盖的精益质量管理体系——叶彪（上汽通用汽车有限公司副总经理） |
| | 创建实施民机试飞“一核多体系”质量安全管理体系——吕碧江（中国商用飞机有限责任公司民用飞机试飞中心副主任） |
| | 创建“立项定制、三全管理”的缆索全生命周期质量管理体系——汤亮（上海浦江缆索股份有限公司董事长） |
| | 推进实施科技创新与文化传承相融合的质量品牌战略——赵春阳（玛戈隆特骨瓷（上海）有限公司总经理） |

（3）区级政府质量奖

2021 年，上海市共有 8 个区表彰了 67 家区级政府质量获奖组织和 22 名获奖个人（表 14）。

表 14　2021 年上海市各区区级质量奖获奖组织/个人一览表

| 序号 | 行政区划 | 获　奖　组　织 | 获　奖　个　人 |
|---|---|---|---|
| 1 | 浦东新区 | 区长质量奖：<br>卫宁健康科技集团股份有限公司<br>上海市浦东新区公利医院<br>三生国健药业（上海）股份有限公司<br>质量金奖：<br>上海磁浮交通发展有限公司<br>中国电建集团上海能源装备有限公司<br>上海长顺电梯电缆有限公司<br>上海华翔羊毛衫有限公司<br>上海优雅仓储有限公司<br>质量创新奖：<br>上海市浦东新区人民医院<br>科博达技术股份有限公司<br>上海西门子医疗器械有限公司<br>施洁医疗技术（上海）有限公司<br>延锋国际座椅系统有限公司<br>上海合庆火龙果科技开发有限公司<br>上海联明机械股份有限公司 | — |

续 表

| 序号 | 行政区划 | 获奖组织 | 获奖个人 |
|---|---|---|---|
| 2 | 黄浦区 | 组织奖：<br>上海国际信托有限公司<br>上海昆剧团<br>菲仕兰食品贸易（上海）有限公司<br>入围奖：<br>上海东软载波微电子有限公司<br>上海豫园管理处<br>上海欣谊环境卫生服务有限公司<br>上海明华物业管理有限公司<br>上海威士机械有限公司 | 个人奖：<br>陈尔真（上海交通大学医学院附属瑞金医院副院长）<br>朱柯丁（上海艾能电力工程有限公司总经理）<br>入围奖：<br>黄晨（上海吉晨卫生后勤服务管理有限公司董事长）<br>夏灏超（中船重工（上海）节能技术发展有限公司项目经理） |
| 3 | 长宁区 | 组织奖：<br>上海市同仁医院<br>上海黄豆网络科技有限公司<br>上海西井信息科技有限公司（提名奖）<br>上海熙香艺享电子商务有限公司（提名奖） | 周卫红（上海春秋旅行社有限公司副总经理）<br>余鸿兴（舜元控股集团有限公司总经理）<br>顾靖（提名奖，北京炜衡（上海）律师事务所高级合伙人） |
| 4 | 闵行区 | 金奖组织：<br>上海市闵行区中心医院<br>上海艾为电子技术股份有限公司<br>银奖组织：<br>上海东富龙科技股份有限公司<br>上海紫江彩印包装有限公司<br>上海民族乐器一厂<br>上海至纯洁净系统科技股份有限公司 | 金奖个人：<br>刘付成（上海航天控制技术研究所原所长）<br>范晔平（上海广为焊接设备有限公司董事长）<br>银奖个人：<br>邱爱华（中国船舶重工集团公司第七一一研究所动力装置事业部总经理）<br>祖辉（上海艾瑞德生物科技有限公司董事长） |
| 5 | 松江区 | 区长质量奖：<br>上海航天精密机械研究所<br>金奖：<br>上海众辰电子科技股份有限公司<br>上海安谱实验科技股份有限公司<br>上海市松江区疾病预防控制中心<br>创新奖：<br>上海市城市科技学校<br>上海昱章电气股份有限公司<br>上海圣克赛斯液压股份有限公司 | 区长质量奖：<br>刘军（上海市第一人民医院南院副院长） |

续 表

| 序号 | 行政区划 | 获 奖 组 织 | 获 奖 个 人 |
|---|---|---|---|
| 6 | 松江区 | 上海华美电梯装饰有限公司<br>汉斯格雅卫浴产品（上海）有限公司<br>上海久诚包装有限公司<br>上海中联重科桩工机械有限公司<br>上海大胜卫生用品制造有限公司<br>上海菲姿服饰有限公司<br>上海西川密封件有限公司 | |
| 7 | 青浦区 | 区长质量奖：<br>日立电梯（上海）有限公司<br>上海金发科技发展有限公司<br>金奖：<br>上海荣泰健康科技股份有限公司<br>上海晶盟硅材料有限公司<br>创新奖：<br>上海和达汽车配件有限公司<br>福维克制造有限公司 | 周洪斌（上海永升物业管理有限公司）查生（福维克家用电器制造（上海）有限公司）<br>创新奖：<br>张家桦（上海德达医院有限公司）<br>王翠玲（上海锐嘉科实业有限公司） |
| 8 | 金山区 | 区长质量奖：<br>上海德福伦化纤有限公司<br>华维节水科技集团股份有限公司<br>质量金奖：<br>上海肇民新材料科技股份有限公司<br>上海立得催化剂有限公司<br>上海嘉麟杰纺织科技有限公司<br>澳帕曼织带（上海）有限公司 | 李长虹（上海永太服装金山有限公司）<br>钱文龙（上海普锐赛司实业有限公司） |
| 9 | 奉贤区 | 金奖：<br>上海莱士血液制品股份有限公司<br>上海申驰实业股份有限公司<br>银奖：<br>上海市奉贤区解放路小学<br>上海市奉贤区医疗急救中心<br>上海乳品四厂有限公司<br>创新奖：<br>上海双木散热器制造有限公司<br>提名奖：<br>上海福铁龙住宅工业发展有限公司<br>山海浦东电线电缆（集团有限公司） | 卓越个人奖：<br>戚锦秀（上海伟星新型建材有限公司）<br>首席质量官奖：<br>倪莉莉（伽蓝（集团）股份有限公司）<br>徐青（上海天阳钢管有限公司）<br>刘绍勇（上海凯宝药业股份有限公司） |

### 2. 质量标杆①

2021 年，上海核工程研究设计院有限公司、国网上海市电力公司、上海汽车集团股份有限公司、上海卫星装备研究所、上海地铁第四运营有限公司等 5 家企业获得全国“质量标杆”企业称号，数量排名全国前列。

## （二）长三角一体化质量合作②

### 1. 长三角一体化合作机制

2021 年，上海、江苏、浙江和安徽市场监督部门共同签订长三角地区加强反不正当竞争协作、长三角平台经济数字化协同监管合作等 7 项协议，全年重点合作事项扩充到 32 项，发布《长三角市场监管一体化发展“十四五”规划》。

质量管理合作方面，持续推进首批 20 个长三角质量提升示范试点建设，联合宣传推广 50 佳先进质量管理方法和 50 例优秀企业文化。联合签署《长三角消费品召回工作合作协议》。推动 5 所高校签署《苏浙皖赣沪高校质量发展工作联盟合作协议》。标准合作方面，共同编制《长三角生态绿色一体化发展示范区标准管理办法》；联合审查并批准发布《制药工业大气污染物排放标准》等 9 项区域统一地方标准，其中上海市牵头制定 6 项；立项《智慧药房评价体系》《长三角地区食品和食用农产品信息追溯》系列标准等 9 项区域统一地方标准，其中上海牵头起草 7 项。计量合作方面，出台《“沪苏浙皖”计量技术规范制修订实施细则》，新批准发布地方计量技术规范 2 部。联合征集发布计量服务产业优秀典型案例 66 个。认证认可与检验检测合作方面，联合发布《长三角地区认证行业发展白皮书（2020）》，推进长三角绿色认证一体化、有机产品认证“五统一”监管和小微企业质量管理体系认证提升行动；签订《长三角区域检验检测机构行政处罚裁量基准一体化工作备忘录》；推进长三角检验检测公共服务平台建设。

---

① 数据来源：上海市经济和信息化委员会。

② 数据来源：上海市市场监督管理局。

## 案例 5　首个长三角计量技术规范发布

计量技术规范是市场监管部门颁布的，用于评定计量器具计量特性或法制管理的技术文件。随着技术的进步，集成电路几何尺寸越来越小，如何实现半导体产业线宽的精确计量分析，是困扰我国纳米计量与表征领域的一个技术难题。为解决这一难题，2021 年 8 月首个“沪苏浙皖”计量技术规范《JJF（沪苏浙皖）4001—2021 微纳米线间隔标准样板校准规范》发布。该规范明确了纳米线间隔标准样板的技术要求。纳米线间隔标准样板作为具有一种或多种固有属性的线宽标准物质，主要用于扫描探针显微镜、台阶仪、触针式轮廓仪和光学式表面形貌测量仪等纳米测量仪器的校准，在纳米级长度量值传递中起到关键作用，被广泛应用于集成电路制造领域。该规范发布将服务长三角地区集成电路制造企业使用微纳米线间隔标准样板的溯源工作，对支撑我国集成电路产业发展贡献力量。

### 2. 先进质量管理方法

2021 年，上海、浙江、江苏、安徽和江西市场监管部门联合对 50 家组织的先进质量管理方法进行集中宣传推广。上海市共有 10 项先进质量管理方法入选“苏浙皖赣沪先进质量管理方法典型案例 50 佳”名单（表 15）。

表 15　2021 年上海市入选“苏浙皖赣沪 50 家先进质量管理方法”名单

| 序号 | 入　选　单　位 | 先进质量管理方法 |
| --- | --- | --- |
| 1 | 中国船舶集团有限公司第七一一研究所 | 质量问题归零的落地模式 |
| 2 | 上海微电子装备（集团）股份有限公司 | 信息和知识资源管理方法模式 |
| 3 | 上海静安置业（集团）有限公司 | “历史建筑四位一体守护换新”模式 |
| 4 | 上海市杨浦区社会福利院 | “6+1”质量管理模式 |

续 表

| 序号 | 入 选 单 位 | 先进质量管理方法 |
|---|---|---|
| 5 | 上海识装信息科技有限公司（得物 App） | 电商 SQC 创新质量管理模式 |
| 6 | 上海华测导航技术股份有限公司 | 数字化质量管理建设 |
| 7 | 上海嘉定再生能源有限公司 | 践行卓越绩效管理，助力无废城市创建 |
| 8 | 上海市长宁区妇幼保健院 | 通过社区妇幼体系建设提升社区妇幼服务能力 |
| 9 | 上海核工程研究设计院有限公司 | 运用根本原因分析方法促进质量绩效 |
| 10 | 上海市普陀区人民医院 | 基于双碳目标的综合节能改造之合同能源管理模式 |

### 3. 质量品牌故事演讲大赛

2021 年，上海、浙江、江苏、安徽和江西市场监管部门开展了以“质量变革、聚力双循环、品牌引领品质生活”为主题的质量品牌故事演讲大赛。上海市共获质量品牌故事大赛一等奖 1 项，二等奖 2 项，三等奖 4 项，优胜奖 10 项（表 16）。

表 16　2021 年苏浙皖赣沪质量品牌故事大赛上海市获奖组织一览表

| 获奖奖项 | 获 奖 单 位 | 获 奖 作 品 |
|---|---|---|
| 一等奖 | 上海风语筑文化科技股份有限公司 | 《文化引进来，品牌走出去》 |
| 二等奖 | 上海宝岛蟹业有限公司 | 《矢志不渝，谱写清水蟹质量变革的奋斗史诗》 |
| | 上海永太服务金山有限公司 | 《永葆匠心，创就传奇》 |
| 三等奖 | 上海紫燕食品股份有限公司 | 《匠心传承技艺，文化铸就品牌》 |
| | 上海水星家用纺织品股份有限公司 | 《品质不勾一丝 睡眠美好十分》 |
| | 上海中南建筑材料有限公司 | 《打造新时代背景下的“中南”制造》 |
| | 上海华宇西红花专业合作社 | 《质量变革 聚力双循环 品牌引领品质生活》 |

续 表

| 获奖奖项 | 获　奖　单　位 | 获　奖　作　品 |
|---|---|---|
| 优胜奖 | 上海至纯洁净系统科技股份有限公司 | 《至文化——追求卓越之无限接近永不抵达》 |
| | 上海凯宝药业股份有限公司 | 《诚信筑基石 推动企业高质量发展》 |
| | 上海市光华中西医结合医院 | 《人工关节置换围手术期中西医快速康复》 |
| | 永大电梯设备（中国）有限公司 | 《坚持初心，担当高质量发展新使命》 |
| | 依蝶雅（上海）品牌管理股份有限公司 | 《以质量推动品牌发展》 |
| | 上海东方雨虹防水技术有限公司 | 《打造质量品牌，引领品质生活》 |
| | 国药集团化学试剂有限公司 | 《不忘初心，传承工匠精神》 |
| | 上海三枪（集团）有限公司 | 《“三枪”打响民族梦，烽火淬炼爱国“芯”》 |
| | 上海纽贝滋营养乳品有限公司 | 《匠心铸就安心品质 创新引领品牌发展》 |
| | 上海超诚科技发展有限公司 | 《质量变革 致力双循环 品牌引领品质生活》 |

### 4. 优秀企业文化

2021年，上海、浙江、江苏、安徽和江西市场监管部门联合对50家优秀企业文化进行集中宣传推广。上海市有光明乳业股份有限公司《文化引擎，高质量发展内源之力》等10项优秀企业文化入选“苏浙皖赣沪优秀企业文化50例”名单。

## （三）质量共治①

### 1. “质量月”活动

2021年8月30日，上海市举行“质量月”启动仪式暨上海市政府质量奖二十年宣传活动，发布《上海市质量状况白皮书（2021年）》，对2021年上海市重点产品质量攻关获奖组织和企业质量管理领域数字化转型“十佳案例”企业代表进行表彰，5家企业负责人为其首席质量官颁发证书，3家政府质量奖获奖组

① 数据来源：上海市市场监督管理局、上海市质量协会。

织和个人代表交流提升质量、追求卓越先进经验。

“质量月”期间，上海市共开展各类质量活动 1 100 多场，参加企业 1.1 万余家次，参与人数 26 万余人次，共发布活动新闻报道或专题文章近 200 篇。发布 100 余块灯箱公益广告，发放宣传海报和资料 3 万余份，播放质量公益广告 11 万余次。各级政府部门、行业组织、企业和专业机构聚焦“推动数字化转型，实现高质量发展”主题，组织开展一系列丰富多彩质量宣传活动。

“质量月”期间，上海市将质量服务与质量宣传密切结合，举办形式多样的服务惠民行动。举办“质量月”现场咨询活动，开展质量科普宣传资料发放、受理消费者质量相关投诉举报、提供产品检测鉴定等质量便民服务，参加人数超过 3 万人次。组织开展“服务认证体验周”“金山市民看质量”等各具特色的质量体验活动，共有 2 万余名市民参加。

### 2. 群众性质量活动

2021 年，上海市深入开展质量管理小组、质量信得过班组、质量品牌故事比赛、现场管理星级评价、服务质量专项提升等一系列群众性质量提升活动，累计 1 392 家企业、66 518 名基层一线员工和质量推进者参与活动，形成优秀成果 396 个。其中重点产业覆盖率 84%，中小企业在参与活动企业中占比近 80%。

2021 年，上海市 10 833 个 QC 小组开展质量管理活动，参与职工 710 009 人，为企业降本增效 84 269. 79 万元。

### 3. 质量大讲堂

2021 年，上海市质量学术机构共举办两期“质量大讲堂”。首期质量大讲堂暨国际机器人检测认证与长三角产业创新大会以“赋能区域产业，提升企业价值”为主题，在线观看人数达到 1.5 万人次。第二期质量大讲堂以“服务‘双碳’目标 赋能美好生活”为主题，在线观看人数达到 1.1 万人次。

### 4. 质量国际交流

2021 年 11 月，上海市举办了以“质量、韧性与可持续”为主题的“第四届中国国际进口博览会·国际质量创新论坛”。中外企业家就“工业 4.0 与敏捷管理”“数字化转型”“绿色创新”“智慧运营与标准”“质量与自主创新”等话题进行交流、探讨。超过7万人次国内外观众在线参与了论坛，其中收看英文直播观众超过9 000人。

## 三、品牌建设

### （一）老字号振兴①

2021年，上海市多措并举打造上海老字号展示平台。5月，共有1 168款老字号新品在“五五购物节”上首发首秀，50余款新品亮相“全球新品首发季”；主题为“国潮大变YOUNG”的2021第十五届中华老字号博览会吸引了57个地级市242家老字号企业参展，累计销售额突破847万元，批量订单成交额达615万元。10月，举办以“老字号-新设计”为宗旨的首届中华老字号国潮产品（创意）设计大赛。11月，老字号数字博物馆在第四届中国国际进口博览会举办期间正式上线，收录全国老字号企业535家，其中，上海老字号企业140家。

### （二）“上海品牌”认证②

上海市积极推进“上海品牌”认证工作制度，构建了以地方标准《“上海品牌”认证通用要求》为统领，近140项关键技术指标达到国内领先、国际先进水平的团体标准组成的“1+X”上海品牌标准体系。截至2021年底，共有105家企业获得116张“上海品牌”认证证书，其中，获得“上海服务”类52张，“上海制造”类57张，“上海购物”类5张，“上海文化”类2张。

### （三）品牌宣传和培育③

#### 1. 中国品牌日

2021年，“中国品牌日”期间举办“中国品牌，世界共享；聚力双循环，引

① 数据来源：上海市商务委员会。
② 数据来源：上海市市场监督管理局。
③ 数据来源：上海市知识产权局、上海市经济和信息化委员会、上海市发展和改革委员会。

领新消费”的主题活动，包括中国品牌发展国际论坛、中国自主品牌博览会、地方品牌特色活动等内容。

### 2. 品牌培育

2021 年，上海市知识产权管理部门新设商标品牌创新创业基地 2 个，新增商标品牌指导站 24 个，总量达 77 个，新建知识产权维权援助工作站 8 个，114 家企业的 143 件商标被纳入上海市重点商标保护名录；市经济和信息化部门推动打造“上海制造”品牌矩阵，首次征集评选“上海品牌 100+”（时尚消费品），评定上海相宜本草化妆品股份有限公司等 10 家企业为 2021 年上海品牌引领示范企业（表 17）。2 个案例入选国务院国资委年度 100 个国有企业品牌建设典型案例。

表 17　2021 年上海市品牌引领示范企业名单

| 序　号 | 企　业　名　称 |
|---|---|
| 1 | 上海相宜本草化妆品股份有限公司 |
| 2 | 上海玛祖铭立家具（集团）有限公司 |
| 3 | 上海冠华不锈钢制品股份有限公司 |
| 4 | 上海上药神象健康药业有限公司 |
| 5 | 上海罗曼照明科技股份有限公司 |
| 6 | 上海商米科技集团股份有限公司 |
| 7 | 上海爱舒床垫集团有限公司 |
| 8 | 上海宝库文化发展股份有限公司 |
| 9 | 上海光华专利事务所（普通合伙） |
| 10 | 上海市杨浦区社会福利院 |

### 3. 知识产权保护

2021 年，上海市在全国知识产权保护工作检查考核中排名全国领先，连续两年保持优秀。成立全国首个科创企业知识产权海关保护中心；开展 2021 年民生领域案件查办“铁拳”行动、不正当竞争专项整治行动、北京冬奥会、“剑网

2021”、“龙腾”、“蓝网”、“净网”等知识产权保护专项行动。市高级法院、市检察院和市公安局联合出台《关于知识产权民事、行政诉讼中刑事犯罪线索移送及同步审查的工作暂行办法》。

2021 年，上海市法院共受理各类知识产权案件 53 279 件，审结 49 100 件；上海市检察机关共受理涉嫌侵犯知识产权审查逮捕案件 1 800 余件 4 400 余人；上海市知识产权部门全年立案受理专利侵权纠纷案件 851 件，结案 862 件，累计立案查处商标违法案件 1 285 件，结案 1 297 件，案值 5 214. 39 万元，罚没款 1 591. 97 万元；上海公安机关全年共破获侵犯知识产权案件 1 500 余起，涉案总值逾 80 余亿元。上海市版权行政执法部门立案查处版权侵权案件 91 件，罚没款 198 万元。

## 四、质量强区①

2021 年，各区政府质量提升政策体系不断完善，重点行业质量提升全面展开，质量基础设施持续升级，区域整体质量水平不断提升，市民的质量发展获得感持续增强。全市 16 个区在 2021 年度上海市质量提升考核中均达到 A 等，其中，闵行区、浦东新区、奉贤区、松江区、黄浦区、嘉定区、金山区年度考核优秀。闵行区被列入“推进质量强国建设工作成效突出的地方”名单，落实有关重大政策措施真抓实干，取得明显成效，受到国务院督查激励。

### （一）质量特色创新

2021 年，各区相继发布了质量提升三年行动计划；浦东新区、黄浦区、普陀区、长宁区出台质量提升专项政策（表 18）；虹口区、嘉定区、静安区修订区级政府质量奖励制度和资金扶持政策，推动质量奖励范围从传统行业向公共服务和非营利组织拓展。

① 数据来源：全市 16 个区市场监督管理局。

表 18 2021 年上海市区级质量提升政策一览表

| 行政区划 | 质量提升政策 | 主要内容 |
|---|---|---|
| 浦东新区 | 浦东新区促进制造业高质量发展“十四五”规划 | 引导企业深耕质量品牌建设，树立一流管理理念，专注质量提升和品牌培育，打造“百年老店”。 |
| 黄浦区 | 黄浦区推进品牌战略三年行动计划（2021—2023 年） | 增强黄浦区“品牌要素配置功能”“品牌创新策源功能”“国际消费服务示范功能”“全球品牌形象展示功能”的四大核心功能建设。 |
| 普陀区 | 普陀区促进质量提升实施意见 | 对获得国家级、市级政府质量奖、参与各级标准制修订、获得国外发明专利授权等给予资金奖励。 |
| 长宁区 | 长宁区支持民营经济和中小企业创新发展的实施办法 | 对“专业化、精细化、特色化、新颖化”的企业实施资金支持。 |

2021 年，各区不断创新探索，实施了一批具有区域特色的质量提升举措，为区域高质量发展提供助力（表 19）。

表 19 2021 年上海市各区质量特色创新工作开展情况一览表

| 行政区划 | 质量特色举措 |
|---|---|
| 浦东新区 | 推出《全球消费品牌集聚计划》，制定消费领域区标准化指导性技术文件；<br>聚焦智能制造产业，开展张江机器人谷质量基础设施“一站式”服务。 |
| 黄浦区 | 全市首创设立首席服务质量官；<br>将公共服务类非营利组织纳入区级政府质量奖的奖励范围；<br>在商贸服务领域形成“2+2+x”工作模式，推动品牌的建设、质量人才队伍能力建设联动。 |
| 静安区 | 聚焦南京西路商圈，加快推进国际消费城市示范区建设；<br>开展“全球服务商”计划，促进提升企业服务品牌能级。 |
| 徐汇区 | 创建放心消费创建示范单位以及线下无理由退货示范单位。 |
| 长宁区 | 开展在线新经济产业质量基础设施“一站式”服务。 |
| 普陀区 | 将质量强区战略纳入党代会报告，提升党员干部质量意识；<br>建立智能软件“一站式”服务平台，搭建“两联盟一平台”服务模式。 |
| 虹口区 | 区长质量奖评奖领域由单一产业经济领域向多业态及非营利性组织拓展；<br>举办北外滩国际航运论坛，深入开展长三角航运服务质量提升示范试点建设。 |

续 表

| 行政区划 | 质量特色举措 |
|---|---|
| 杨浦区 | 构建“环同济”现代设计产业质量提升议事协调机制，积极推动区域内企业实施质量管理数字化转型；<br>依托杨浦区质量技术服务专家联盟，开展中小设计企业质量帮扶。 |
| 宝山区 | 整合外部技术资源，推进区域质量状况分析、高新技术企业调研等项目；<br>建立“双站长、双例会、驻点服务”的园区服务站工作机制，提供包括质量、标准化、知识产权的个性化、定制式服务。 |
| 闵行区 | 推动“一镇一品”向“一镇一产（行）业质量提升”升级；<br>在“一网通办”闵行企业专属网页开设质量基础设施“一站式”服务云平台，推动质量基础设施“一站式”服务覆盖产业链和供应链。 |
| 嘉定区 | 设立首席质量官奖，建立区级重点产品质量攻关制度；<br>成立“新能源及智能网联汽车长三角联盟”，提升行业标准能级，促进新能源汽车质量提升。 |
| 金山区 | 形成“三张清单”工作机制，助力中小企业质量提升；<br>创建“国家有机食品生产基地建设示范县”。 |
| 松江区 | 推出 2.0 版重点行业“大体检”专项行动，建立《质量提升项目库》，推动企业质量竞争力稳步提升；<br>举办全市首个跨区域的“长三角 G60 科创走廊企业首席质量官”培训班。 |
| 青浦区 | 开展“首席质量官话质量栏目”、“青质云课堂”培训、“大品牌在青浦”质量宣传推广活动；<br>联合高校开展行业专题调研和企业质量诊断服务。 |
| 奉贤区 | 设立“区长质量奖首席质量官奖”，形成“四位一体”的中小企业质量提升培育机制；<br>建立“东方美谷质量品牌发展服务中心”“东方美谷化妆品备案指导服务工作站”，打造东方美谷化妆品质量品牌高地。 |
| 崇明区 | 开展民宿星级评价，推动农旅融合服务质量提升；<br>加强绿色农药封闭式管控，全力推动农业标准化生产。 |

## （二）重点行业（产品）质量提升

2021 年，各区继续将重点行业（产品）质量提升行动作为推动区域高质量发展的突破口，加强行业规范和扶持，加大质量帮扶力度，取得良好成效（表 20）。①

① 数据来源：全市各区市场监督管理局。

表20 2021年上海市各区重点行业（产品）质量提升情况一览表

| 行政区划 | 重点行业（产品） | 主要举措 | 阶段性成效 |
|---|---|---|---|
| 浦东新区 | 检验检测认证行业 | 成立长三角检验检测认证行业联盟，开展深度交流合作；开展小微企业质量管理体系认证提升行动。 | 检测机构整体年度营收由34.56亿元增长至52.78亿元，年度利润由6.33亿元增长至9.03亿元。 |
| 黄浦区 | 商业零售业 | 优化完善《黄浦区推进品牌创新发展实施意见》；以细分行业领域为支点，持续扩大标杆企业“领跑者”效应。 | 获批成为上海市唯一的国家级商贸流通标准化试点城区。 |
| 静安区 | 人力资源服务业 | 开展国家级人力资源服务标准化示范区建设；建立行业标准体系，推进行业规范运作；开展人力资源“全球服务商”“未来领袖培育”等计划，强化行业品牌体系。 | 上海人才服务行业协会荣获“中国质量奖”提名奖。 |
| 徐汇区 | 生命健康产业 | 启动枫林园区优化营商环境企业服务e站；建立上海市生物医药产品注册指导服务工作站。 | 徐汇枫林健康服务业创新示范区入选上海市第三批服务业创新发展示范区。 |
| 长宁区 | 互联网销售行业 | 开展“满意消费长三角”放心消费创建；制定抽检标准及实施细则，落实产品质量控制；向网商平台推广先进质量管理理念和方法，推动企业实施首席质量官制度。 | 长宁电商平台交易总额在全市排名第一，在线新经济企业实现全区税收115.5亿元。 |
| 普陀区 | 软件信息行业 | 制定出台《普陀区智能软件行业质量提升行动方案》；指导园区开展品牌建设工作；开展“一镇一品”特色建设，完善行业质量提升工作机制。 | 2个园区荣获上海品牌园区；商标注册同比提高25.4%；高新技术企业同比增长11.5%；小巨人企业同比增长10%。 |
| 虹口区 | 航运服务业 | 建立长三角航运服务业质量提升示范点联席会议制度；开展长三角航运服务企业质量提升宣贯培训；推动中小企业建立健全质量管理体系。 | 4家航运服务企业荣获“区长质量奖”。 |
| 杨浦区 | 现代设计行业 | 制定《杨浦区现代设计行业质量提升工作方案》；建立获奖组织先进质量管理经验的长效宣传推广机制；依托“杨浦区质量技术服务专家联盟”资源，对中小设计企业精准帮扶。 | 3家企业荣获“上海市质量金奖”；ISO9000质量管理体系认证证书数量同比增长47%；专利授权数量同比增长46%。 |

续 表

| 行政区划 | 重点行业（产品） | 主 要 举 措 | 阶 段 性 成 效 |
|---|---|---|---|
| 宝山区 | 机器人及智能制造 | 出台《宝山区加快建设上海科创中心主阵地促进高质量发展政策》，培育发展科技创新和产业融合能力；建设园区公共研发及各类协同创新平台，凝聚质量共治合力。 | 发明专利新增10项，高新技术企业数量增长33.3%，9家企业参与卓越绩效管理公益孵化。 |
| 闵行区 | 高端装备制造业 | 成立闵行区高端装备制造业质量提升合作联盟；建立跨行业的供应商管理信息共享机制；开设线上NQI服务云平台，提供质量政策体检、质量业务咨询以及“一站测”检测业务线上对接等服务。 | 6项重点产业装备专利分析立项，11家单位参与知识产权管理体系并通过认证，联盟成员发布19件专利许可和7件专利转让清单。 |
| 嘉定区 | 新能源汽车（氢燃料电池汽车）行业 | 组建新能源汽车行业质量专家队伍，成立氢能源汽车行业质量提升工作指导站和绿色低碳工作指导站；成立“新能源及智能网联汽车长三角联盟”，建立“汽车智能计算系统公共服务平台”。 | 重点企业燃料电池系统的系统额定功率下BOP功耗减少近10 kW，系统效率提升约10%，电堆提及功率26%，平均无故障工作里程提升15 000千米；主持或参与制定、发布4项国家标准、9项地方标准、13项团体标准。 |
| 金山区 | 有机农产品 | 成立农业绿色有机发展领导小组，出台《金山区有机产品质量提升发展规划》《2020年金山区有机产品质量提升工作方案》等政策，提高农业规模化、标准化生产水平；制定了金山有机生产技术标准和操作规程。 | 有机农产品合格率从91.1%上升到95.8%，产值从2 600多万元上升至8 700多万元。全区共有有机获证企业22家，证书28张，有机基地面积达3 163.17公顷。 |
| 松江区 | 医疗器械行业 | 出台《2021年松江区医疗器械产业质量提升行动实施方案》，开展精准化质量提升指导服务，成立医疗器械产业质量提升专家咨询会，成立松江区检验检测认证行业联盟，成立长三角G60科创走廊医疗器械转化创新松江联盟，促进企业经验交流及产品研发创新。 | 全区医疗器械生产企业工业总产值为51.93亿，同比增长30.87%，医疗器械抽检合格率保持100%，共有6家医疗器械行业企业获得松江区政府质量奖。生物医药企业中，有“专精特新”企业48家，高新技术企业82家，市科技小巨人企业19家。 |

续 表

| 行政区划 | 重点行业（产品） | 主 要 举 措 | 阶 段 性 成 效 |
|---|---|---|---|
| 青浦区 | 物流行业 | 出台《关于促进快递业健康发展的若干意见》《青浦区加快发展现代服务业实施细则》等产业政策文件；健全物流服务质量标准体系，出台物流行业团体标准 17 项；加大对上海品牌认证、区长质量奖等品牌宣贯力度；指导上海市工商联国际物流商会成立团体标准化工作委员会，助力行业规范发展。 | 集聚快递业务经营许可企业 235 家，规模以上交通运输企业 139 家，全国和区域快递总部 10 家。行业公众满意度提升至 84.2%。 |
| 奉贤区 | 生物医药行业 | 聚焦“东方美谷”，实施重点产业质量创新工程；成立“东方美谷生物医药产品注册指导服务站”，推动生物医药产业集聚发展和转型升级。 | 生物医药企业在“区长质量奖首席质量官奖”获奖数量占申报总数 1/3。 |
| 崇明区 | 绿色农产品 | 创建完成 3 批 17 个生态循环农业示范基地，开展绿华镇、新村乡两个乡镇的整建制生态循环示范镇创建工作；创立了农业种养殖信息直报入网制度，建立了 GIS 地理信息系统和崇明智慧农业大数据平台；首创发布生态岛农业绿色发展负面清单制度，开创数字监管新模式，做到数字化安全监管全覆盖。 | 绿色食品产量认证率达到 40%以上；农业绿色发展指数位列全国第一；农产品总体抽检合格率达 99%以上，化肥、农药用量连续 8 年负增长；“两无化”试点总面积 3 万余亩，较去年增长 200%；万禾有机农场实现 5G 信号全覆盖；打造了“崇明大米”“崇明清水蟹”等一批特色农产品品牌。 |

## （三）质量工作市民满意度

2021 年，上海市质量工作领导小组办公室委托第三方机构开展各区政府质量工作市民满意度调查工作。调查显示，年度区政府质量工作市民满意度总体评价结果为 85.13，持续处于比较满意的水平，近三年呈现出持续上升的趋势（图 24）。超过八成的居民对本区目前质量工作较为满意，超过九成的居民认为近 3 年本区质量状况得到改善。

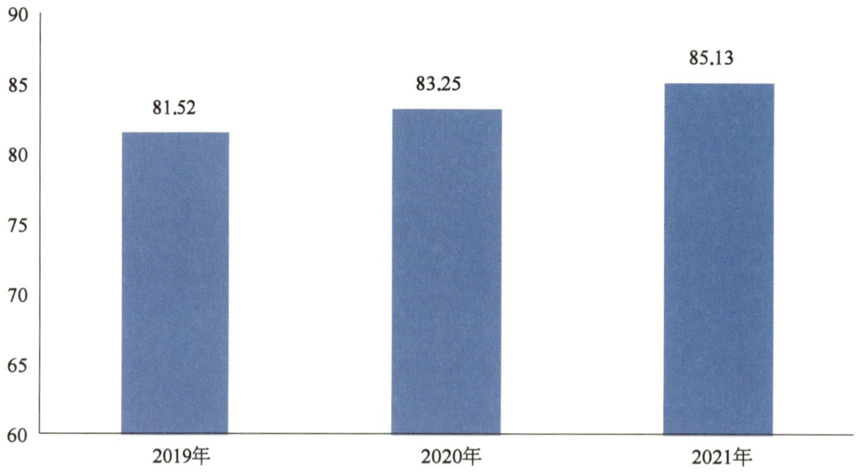


图 24　2019—2021 年区政府质量工作市民满意度总体评价结果

本次调查从产品质量、工程质量、服务质量、人居质量、质量意识五个维度进行。16 个区年度质量工作市民满意度得分保持在 82. 82 ~ 86. 86 区间，均处于“比较满意”的水平（图 25）。

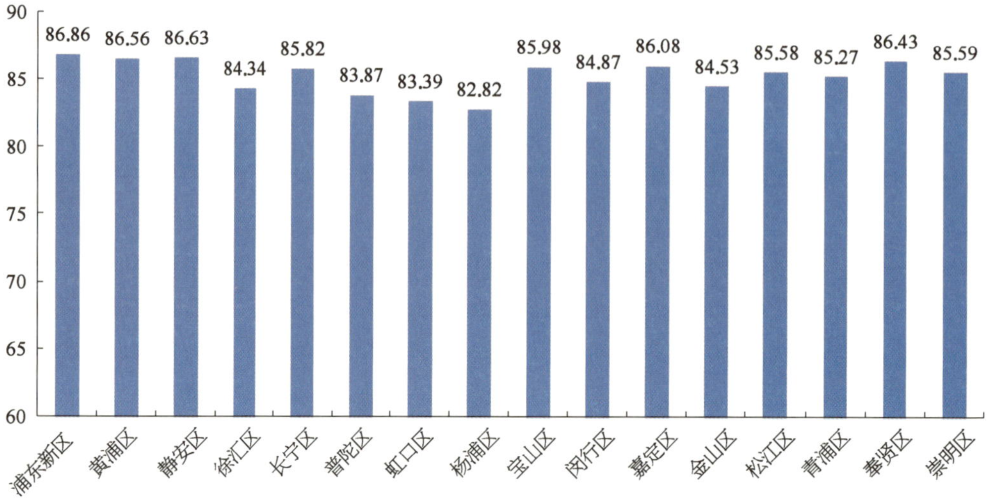


图 25　2021 年上海市各区质量工作市民满意度得分

2022

# 第三章　质量保障

2021年，上海市持续完善质量工作制度，质量发展内容被纳入上海市国民经济和社会发展“十四五”规划和多项专项规划。标准研制能力、标准化服务能力持续提升，计量技术能级继续位居全国前列，检验检测和认证服务市场竞争力持续提升，质量基础设施“一站式”服务试点建设深入推进；推动实施企业首席质量官制度，质量人才队伍不断壮大。

# 一、制度保障

## （一）法制建设

### 1. 法律和行政法规

2021年，修订了《食品安全法》《进出口商品检验法》《医疗器械监督管理条例》等多部法律和行政法规。截至2021年底，我国已形成了包括《产品质量法》《标准化法》等27部法律、行政法规以及138部行政规章在内的质量领域法律体系。

### 2. 地方性法规和政府规章①

2021年，通过《上海市城市更新条例》《上海市数据条例》《上海市环境保护条例》《上海市水产品质量安全监督管理办法》《上海市绿色建筑标识管理实施细则》等地方性法规、政府规章的制修订，上海市质量工作法制保障得到进一步强化。

（1）上海市城市更新条例

2021年8月25日，上海市人大审议通过《上海市城市更新条例》，共八章六十四条，自2021年9月1日起实施。该条例提出：在建筑间距、退让、密度、面

---

① 数据来源：上海市人民政府、上海市市场监督管理局。

宽、绿地率、交通、市政配套等无法达到标准和规范的，应制定适合城市更新的标准和规范。更新项目应建立质量和安全管理制度，加强质量和安全管理；涉及既有建筑结构改造或者改变建筑设计用途的，应当开展质量安全检测。

（2）上海市数据条例

2021年11月25日，上海市人大审议通过《上海市数据条例》。《条例》共十章九十一条，自2022年1月1日起实施。该条例对数据质量管理提出全方位要求：市级责任部门应当建立健全本系统、行业公共数据质量管理体系，加强数据质量管控。市场主体应当加强数据质量管理，确保数据真实、准确、完整。上海市与长三角其他省共同建立数据资源目录、基础库、专题库、主题库、数据共享、数据质量和安全管理等基础性标准和规范，促进数据资源共享和利用。

## （二）政策制定

2021年，上海市继续丰富包括产品质量、服务质量、工程质量、人居质量四个方面的“1+N”质量提升政策体系。

在政策规划方面，《上海市国民经济和社会发展第十四个五年规划和二〇三五年远景目标纲要》提出：构筑质量强市品牌高地。实施品牌发展战略，大力宣传知名自主品牌，强化标准引领、法治保障、品牌诚信和资金支持，将“四大品牌”塑造成为响亮恒久的金字招牌和驰名中外的城市名片。积极扩大“上海品牌”认证影响力，形成以品牌发展增创质量优势的长效机制和良好环境。实施一批重点领域质量提升工程，强化中小企业质量提升精准帮扶。加快重点产业标准体系建设，推动高水平科技成果转化为共性技术标准。全面提升“上海标准”国际化水平，促进质量基础共性技术能力和检验检测认证数据结果国际互认，参与国际技术标准规则制定。全文中“质量”出现72次、“标准”出现85次、“品牌”出现58次。

《上海市市场监管现代化“十四五”规划》《上海市先进制造业发展“十四五”规划》《上海市服务业发展“十四五”规划》《上海市战略性新兴产业和先导产业发展“十四五”规划》等一大批专项规划中也都提出了质量发展相关指

标、举措。

在具体举措方面，发布了《关于聚焦中小企业质量提升开展质量基础设施“一站式”服务行动的通知》《企业首席质量官任职培训大纲（试行）》《长三角质量提升示范试点建设评估指南（试行）》《2021 年上海市产品质量技术帮扶工作方案》等文件。

## 二、技术保障

### （一）标准①

#### 1. 标准制修订

（1）国际标准

截至 2021 年底，上海市累计牵头制修订 140 项 ISO/IEC 国际标准，其中 ISO 标准 119 项，IEC 标准 21 项。

2021 年，在我国牵头制修订的 130 项 ISO 国际标准（包括 ISO/IEC JTC1 标准）中，上海参与了其中 48 项标准的制修订，占我国牵头制修订总数的近 36.9%。其中，上海牵头 ISO 国际标准制修订 28 项，占我国牵头制修订总数的 21.5%，位列全国第二。同时，上海牵头 IEC 国际标准制修订 11 项。

（2）国家标准

2021 年，上海市共有 969 家单位主导或参与 1 127 项国家标准制修订，占当年发布国家标准总数的 40.0%。上海市主导制修订的国家标准主要集中在电工、轻工、文化与生活用品、机械等产业领域，上海市参与制修订的国家标准主要集中在机械、电工、化工等产业领域。

（3）地方标准

2021 年，上海市发布地方标准 108 项，其中制定标准 73 项，修订标准 35 项，废止标准 28 项，主要集中在社会管理和公共服务、节能环保、农业、高新

① 数据来源：上海市市场监督管理局。

技术和服务业等领域。

（4）团体标准

2021 年，上海市共有 178 项团体标准在上海市团体标准自我声明信息平台上自我声明公开，主要集中在专业技术服务、互联网和相关服务、体育、软件和信息技术服务等领域。

（5）企业标准

2021 年，上海市有 1 512 家企业、共计 7 466 项企业标准在上海市企业标准自我声明信息平台上进行自我声明公开，其中，产品标准 7 337 项，占比 98. 3%，服务标准 129 项，占比 1. 7%。

（6）地方标准化指导性技术文件

2021 年，上海市共发布 61 项地方标准化指导性技术文件，占现行有效地方标准化指导性技术文件总数的 35. 1%。其中，市级行政管理部门发布 22 项，各区发布 39 项。

### 2. 标准化示范试点

（1）国家级标准化试点

2021 年，上海市承担新立项国家级标准化试点示范项目 19 项，其中服务业领域 14 项，社会管理和公共服务领域 4 项，高新技术领域 1 项；共验收通过国家级标准化试点示范项目 7 项，其中服务业领域 3 项、农业领域 2 项、高新技术领域 2 项。

（2）市级标准化试点

2021 年，上海市新立项市级标准化试点项目 82 项，其中高新技术领域 25 项、服务业领域 19 项、农业领域 15 项、社会管理和公共服务领域 13 项、节能环保领域 10 项。

### 3. 上海标准

2021 年，共有 11 个标准项目获评“上海标准”，涉及数字治理、数字经济、数字生活、人工智能、生物医药、金融、先进制造等多个领域（表 21）。

表21 2021年“上海标准”项目名录

| 序号 | 标准名称 | 申请单位 | 评价机构 |
|---|---|---|---|
| 1 | 政务服务“一网通办”业务规范 | 上海市人民政府办公厅、上海市质量和标准化研究院 | 上海质量管理科学研究院 |
| 2 | 智慧电梯监测终端技术要求 | 上海市市场监督管理局、上海市特种设备监督检验技术研究院 | 上海发电设备成套设计研究院有限责任公司 |
| 3 | 隧道运营维护服务规范 | 上海城建城市运营（集团）有限公司 | 上海市标准化协会 |
| 4 | 生物医药质量控制实验室数字化要求 | 上海上药第一生化药业有限公司 | 上海市计量测试技术研究院 |
| 5 | 医院医疗付费“一件事”实施规范 | 上海交通大学医学院附属仁济医院 | 上海市中医药研究院 |
|  | 银行医疗付费“一件事”支持规范 | 交通银行股份有限公司 |  |
| 6 | 人脸识别系统技术要求 | 上海商汤智能科技有限公司 | 上海市人工智能行业协会 |
| 7 | 窄治疗指数药物质量评价及标准制订的通用技术要求 | 上海医药行业协会、上海药品审评核查中心 | 上海市中医药研究院 |
| 8 | 全血及成分血质量检查要求 | 上海市血液中心 |  |
| 9 | 中国银联IC卡技术规范 | 中国银联股份有限公司 | 上海质量管理科学研究院 |
| 10 | 对接机构试验规范 | 中国航天科技集团有限公司第八研究院第八〇五研究所、中国航天科技集团有公司第八研究院第八〇八研究所 | 中国船舶集团第七〇四研究所 |
| 11 | 实验室L系列电化学分析仪器 | 上海仪电科学仪器股份有限公司 | 上海市计量测试技术研究院 |

### 4. 标准服务机构和组织

（1）上海市质量和标准化研究院

2021年，聚焦反垄断竞争合规、知识产权分类监管等重点工作，支撑相关部门建立反垄断合规第三方评价体系、推进知识产权信用分级分类管理办法和商标品牌指导工作地方标准编制、发布消费环境评价规范系列地方标准化指导性技术文件。

2021 年，以功能开发、信息扩容为核心，加快“机器为主、人工为辅”的文献编目自动化进程，完成国家标准和行业标准最新公告信息、ISO 和 IEC 官方信息自动采集、校对、加工等功能开发，新增近 8 万条国内标准题录信息、近万条 ISO 和 IEC 国际标准摘要信息。截至 2021 年底，上海市质量和标准化科研机构馆藏标准总数达 184 万件；服务企业数逾 2 000 家；服务次数近 50 万次。

2021 年，跟踪美洲地区和主要国家标准战略发展动向，持续开展美国以及泛美标准委员会（COPANT）其他主要成员国标准战略研究；开展美洲主要国家铁路标准体系研究；持续推进复杂环境下吊装技术和设备领域标准研制和特高压输电线路建设新工艺技术标准研究等科研项目。研究成果为重点产业竞争优势提升、推动“一带一路”倡议向拉美地区延伸提供技术支撑。①

（2）上海市质量协会

2021 年，联合上海电气集团牵头创建上海市首批新型标准化组织——上海市技术标准创新基地（绿色低碳能源装备），开展技术标准创新；参与制修订质量管理领域国家标准 2 项，发布第十届中国花博会服务专项等团体标准 2 项。②

（3）上海质量管理科学研究院

2021 年，发布全球首个综合性碳管理体系标准《碳管理体系 要求及使用指南》（EATNS 碳管理体系）团体标准；牵头创建上海市首批新型标准化组织——上海市标准化创新中心（产业数字化方向）；主导制定《能源管理数字化平台等级划分要求及评定方法》团体标准，编制《工业互联网应用效益评估规范》等 3 项上海市地方标准。③

① 数据来源：上海市质量和标准化研究院。
② 数据来源：上海市质量协会。
③ 数据来源：上海质量管理科学研究院。

## （二）计量[①]

### 1. 计量技术基础体系建设

（1）计量基标准建设

截至 2021 年底，上海市建有（150—2 500）兆帕压力和镜向光泽度 2 项国家计量基准、171 项华东地区社会公用计量标准、121 项上海市社会公用计量标准，获批国家标准物质 878 项。《实施强制管理的计量器具目录》中，33 项一级目录全市已建标 31 种；45 项二级目录已建标 41 种，技术能级位居全国前列。

（2）计量技术机构和组织

截至 2021 年底，上海市计量技术机构建有包括上海市计量测试技术研究院、9 家区级法定计量检定机构以及 13 家授权计量检定机构、150 余家计量校准机构等。目前，包括国际法制计量组织（OIML）医疗器械技术委员会血压计分技术委员会秘书处，全国压力计量技术委员会秘书处、全国环境化学计量技术委员会秘书处、全国智能网联汽车专用计量测试技术委员会秘书均设立在上海。除此以外，国家船舶舱大容积计量站、国家机动车专用检测设备计量站等 6 家国家专业计量站（分站）也落户上海。

（3）计量技术规范

上海现有地方计量技术规范 19 项。2021 年，上海联合江苏、浙江、安徽市场监管部门，出台《“沪苏浙皖”计量技术规范制修订实施细则》，细化明确“沪苏浙皖”计量技术规范制修订全流程。批准《JJF（沪苏浙皖）4001—2021 微纳米线间隔标准样板校准规范》和《JJF（沪苏浙皖）4002—2021 激光标线仪校准规范》作为“沪苏浙皖”计量技术规范。

（4）计量技术人员

2021 年，上海市共有 86 人通过全国一级注册计量师资格考试，87 人通过全国二级注册计量师资格考试。总计有持一级注册计量师资格证书 577 人，持二级注册计量师资格证书 1 119 人。

---

① 数据来源：上海市市场监督管理局。

### 2. 计量技术发展

2021 年，上海市计量测试技术研究院承担的《非接触式三维纳米定位方法与技术研究》《面向飞机制造的大尺寸测量及溯源技术研究》等国家和上海市科委重大项目按计划顺利推进；成功获批牵头承担国家重点研发计划“国家质量基础设施体系”重点专项《悬臂式光波导生物纳米几何量计量与智能检测技术研究》。研发新冠病毒 RNA 数字 PCR 方法，有效提高新冠病毒核酸检测准确性；研制高精度电流电压变换器和高稳定度超高压力量值传递标准器，解决相关领域的量传溯源难题。

**案例 6　上海市计量测试技术研究院成功研制“新冠病毒核酸标准物质”**

作为最终确诊的关键性技术，核酸检测发挥了极其重要的作用。但核酸检测本身的准确性也成为公众高度关切的问题，急需建立核酸浓度量值的溯源和质控依据。为了提高核酸检测的准确性和可靠性，实现新冠病毒核酸检测从“有没有”，到“好不好”再到“准不准”的提升，上海市计量测试技术研究院开展长达十余年的核酸量值溯源研究，建立多种核酸浓度量值溯源方法，不但通过理化分析技术把核酸分子浓度溯源到国际单位制，而且还实现了化学方法和理化方法的统一，最终研发 DNA 国家有证标准物质，其中包括了高度精准的国家一级标准物质、新冠病毒 RNA 标准物质。该院研制的“新冠病毒体外转录 RNA 标准物质”被批准为国家级标准物质，依据 ISO 标准和国家标准物质研制规范，连接国家级计量单位的核酸浓度量值，为新冠病毒核酸检测试剂盒提供浓度量值的评价依据。研究成果为地方的试剂盒企业、研发机构和一线检测实验室提供有力的计量支持，目前推广到了全国范围，涵盖 600 多家实验室和企业，支撑试剂盒质控、检测结果确认、实验室能力验证、量值溯源等工作。

2021年，“国家民用航空发动机产业计量测试中心”落沪揭牌。同时，“智慧照明”“智能测控装置”等两家首批市级产业计量测试中心正式成立，全力服务上海市三大先导产业和六大重点产业集群发展。

#### 3. 计量监管

（1）监督抽查

2021年，上海市组织开展对全市86项计量标准、12家法定计量检定机构、140项标准物质的监督检查，累计责令整改21家。开展计量器具产品质量抽查12类共100批次，商品过度包装监督抽查14类共1 217批次，定量包装净含量监督抽查17类共795批次，能效水效标识产品计量监督抽查10类共245批次。

（2）能源计量

2021年，上海市持续推进全市重点用能单位能耗监测系统建设。目前，已实现对994家重点用能单位电力、燃气、煤炭、蒸汽、油等能耗数据的接入，采集数据总量达3.5亿条。

#### 4. 诚信计量工作

2021年，上海市发地方标准《诚信计量示范社（街）区建设评价导则》，截至2021年底，全市共有51家街镇参与诚信计量示范社（街）区创建，其中36家通过验收。在松江区开展全国首个“诚信计量示范区”创建；在医疗机构领域开展“计量示范单位”创建。

#### 5. 计量宣传

2021年，上海市组织开展“5·20世界计量日”系列宣传活动。开展计量主题公益报时，一周公益报时触达总人次超过1 000万；举办第二届全国产业计量（上海）大会，直播收看人数超过32万；举办“计量科普知识竞答”活动，参与人次达1.5万。

### （三）检验检测①

截至2021年底，上海市共有各类检验检测机构1 226家，较上年增长4.3%，

① 数据来源：上海市市场监督管理局。

占全国的比重为 2.4%，共有从业人员 63 159 人。全市拥有检验检测仪器设备 31.4 万台套，原值 272.8 亿元，原值较上年增长 9.0%；实验室总面积 376.2 万平方米，创历史新高。

2021 年，上海市检验检测机构累计出具报告 3 954.8 万份，较上年增长 39.8%（图 26）。检验检测业务收入达到 331.03 亿元，较上年增长 20.6%，占全国比重超过 8%，户均收入蝉联全国第一，人均收入稳居全国第二。

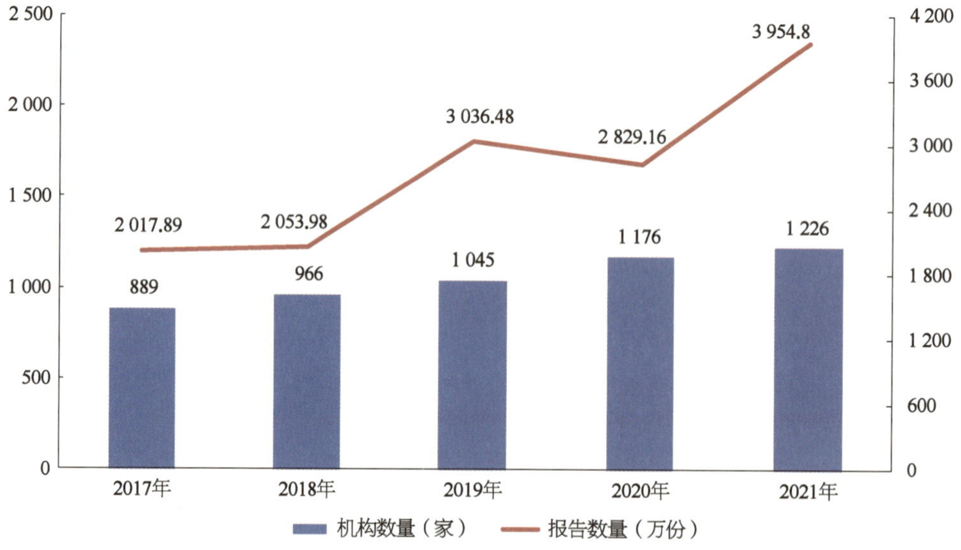


图 26　2017—2021 年上海市检验检测行业机构及报告数量

2021 年，上海市检验检测行业围绕服务“长三角一体化”、“一带一路”建设等国家重大战略部署，出具检验检测报告 1 727 万份，同时，坚决落实疫情防控要求，为防疫物资的质量监管和品质保障提供技术支撑。

## （四）认证认可①

截至 2021 年底，上海市共有认证机构 163 家（图 27），同比增长 11.6%。营业收入为 48.32 亿元，营业利润 9.99 亿元，共有从业人员 13 973 人。

2021 年，上海市认证机构共颁发认证证书 475 847 张，同比增长 48.2%。其

① 数据来源：上海市市场监督管理局。

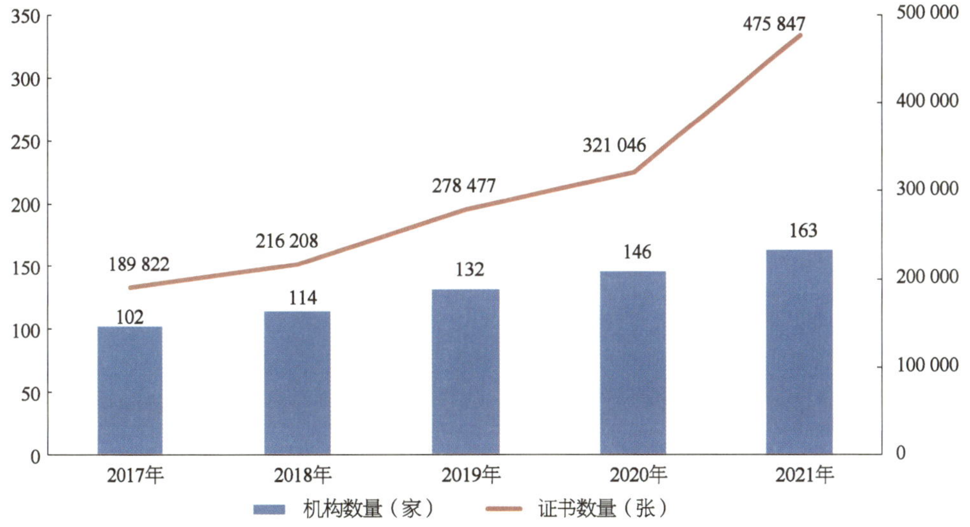


图 27　2017—2021 年上海市认证机构数量

中体系认证 304 551 张，产品认证 168 386 张，服务认证 2 910 张。

## （五）质量基础设施“一站式”服务①

2021 年，上海市以企业需求为导向，大力强化质量基础设施协同服务，全面开展质量基础设施“一站式”服务行动。

### 1. 优化质量基础设施服务政策环境

上海市将强化中小企业质量精准帮扶纳入《上海市国民经济和社会发展第十四个五年规划和二〇三五年远景目标纲要》以及《上海市市场监管现代化“十四五”规划》。浦东、松江、普陀、长宁将质量基础设施“一站式”服务试点纳入区级扶持政策，促进质量基础设施有机融入区域产业发展。

### 2. 推进质量基础设施“一站式”服务试点建设

2021 年，上海市共推出首批 8 个市级质量基础设施“一站式”服务试点，16 个区共开展 21 个区级试点项目建设，全年参与专家人数 1 586 人次，服务 5 200 余次，服务市场主体近 8 000 家。

① 数据来源：上海市市场监督管理局。

## 案例 7　闵行区开展高端装备制造产业质量基础设施“一站式”服务

闵行是上海先进制造业的集聚区，检验检测资源丰富，但区内检测资源没有形成合力，高端装备制造业产业链上下游中小企业产品检测成本较高。为了补齐这一短板，该区开展高端装备制造产业质量基础设施“一站式”服务。构建“闵行区中小企业质量与品牌者服务联盟”平台，发起“体检式”服务 2.0 行动，全年共为 203 家企业查找隐患、落实整改、完善提高。打造“高端装备制造业质量提升合作联盟”平台，实现区内高端装备龙头企业内特色实验室的检测资源共享，首批共享了 11 家企业内的各类试验（仪器）设备 207 台，有效降低中小企业的生产经营成本。创建“新兴产业集成化检验检测服务平台”上海市闵行区应用示范基地，为辖区内企业提供优质检测资源“点单”式服务，实现检测设备精准匹配与业务对接。构建线上质量基础设施“一站式”服务云平台——“闵质汇”，整合计量、标准、认证认可、检验检测、质量管理、品牌建设、知识产权等要素资源，为中小企业提供质量政策体检、质量业务咨询以及“一站测”检测业务线上对接等全程“一网通办”服务，帮助企业足不出户办理业务。打造全国首个综合性质量科普云平台——“知·质”电台，广泛宣传推广先进质量管理模式和质量管理等相关政策，累计开展直播 60 场，听众达 600 余万人次。该案例获评全国质量基础设施“一站式”服务典型案例。

### 3. 开展产品质量技术帮扶

2021 年，上海市聚焦百姓关心的重点产品、质量问题较多的企业，通过市、区两级联动、检验检测机构协助、行业协会和风险信息监测站配合，共排查确定需要开展质量技术帮扶的企业 2 051 家，覆盖 107 种产品，44 个产业集聚区，其中中小企业1 385家。通过个性质量问题“日常随诊”、共性质量问题“巡回问诊”、问题突出企业“全身体检”，解决质量问题548个，出具质量问题诊断书320份，为企业提升工业产值约2 410万元。

## 三、资金保障

### （一）研究与试验发展投入①

2021年，上海市用于研究与试验发展（R&D）经费支出约占全市生产总值的比重为4.1%左右，全年共落实研发费用加计扣除上年度减免税额458.25亿元，受惠企业达28 631家。

### （二）标准化推进专项资金②

2021年，上海市级标准化推进专项资金聚焦服务国家重大战略、支撑三大先导产业、服务城市数字化转型，共计资助254个项目，总计金额2 025万元（表22）。

表22 2017—2021年上海市标准化推进专项资金情况表

| 年　份 | 资金总额（万元） | 项目数（项） |
|---|---|---|
| 2017年 | 2 777.53 | 265 |
| 2018年 | 2 699.56 | 366 |
| 2019年 | 2 692 | 185 |
| 2020年 | 2 249 | 232 |
| 2021年 | 2 025 | 254 |

① 数据来源：《2020年上海市国民经济和社会发展统计公报》。
② 数据来源：上海市市场监督管理局。

### （三）政府质量奖励资金[①]

2021 年，上海市、区两级政府质量奖励资金共计 3 010 万元。其中，市级政府质量奖励资金 520 万元，区级质量奖励资金 2 490 万元（表 23）。

表 23 2017—2021 年上海市、区两级政府质量奖励资金一览表

| 年 份 | 市级政府质量奖励资金（万元） | 区级政府质量奖励资金（万元） | 小计（万元） |
|---|---|---|---|
| 2017 年 | 520 | 3 579 | 4 099 |
| 2018 年 | 720 | 4 143 | 4 863 |
| 2019 年 | 610 | 2 850. 5 | 3 460. 5 |
| 2020 年 | 730 | 2 015 | 2 745 |
| 2021 年 | 520 | 2 490 | 3 010 |

## 四、人才保障[②]

### （一）首席质量官

2021 年，上海市发布《企业首席质量官任职培训大纲（试行）》，深入推广实施企业首席质量官制度，规范任职培训工作。举办“企业首席质量官访谈”活动，分享先进质量管理经验，线上线下共 1. 08 万人次参与。截至 2021 年底，上海市已培育企业首席质量官 3 400 余名，实现了培训数量和质量双提升。

### （二）质量提升“万千百”工程

2021 年，上海市继续组织中小企业开展“数智时代的现场管理”“质量控制工具-直方图应用”等先进质量管理方法和工具公益培训，推动企业提升质量意识和质量素质，2 000 余家企业、近 30 000 人参加培训。

① 数据来源：上海市市场监督管理局。
② 数据来源：上海市市场监督管理局。

2022

# 第四章　产业质量

2021 年，上海市聚焦加快打造世界级产业集群，深入实施质量提升行动，集成电路、生物医药、人工智能等重点产业不断提质增效，企业质量管理成熟度稳步提升，生产性服务业首次获评中国质量奖，生活性服务业标准化、便利化、精细化、诚信化、品牌化水平不断提升。

# 一、制造业

## （一）集成电路

### 1. 总体状况①

2021 年，上海市集成电路产业销售规模 2 578 亿元，同比增长 24%，约占全国 25%；其中设计业实现销售 1 222 亿元，同比增长 28%；芯片制造业 596 亿元，同比增长 27%；装备材料产业 290 亿元，同比增长 32%；封装测试产业 470 亿元，同比增长 9%。全年共生产集成电路 364. 95 亿块，同比增长 19. 8%；生产集成电路圆片 1 117. 3 万片，同比增长 23. 2%。截至 2021 年底，上海聚集了超过 1 000 家重点集成电路产业链企业，汇聚了全国约 40% 的集成电路产业人才。上海集成电路领域已培育 23 家科创板上市企业，位居国内第一。

### 2. 质量状况②

截至 2021 年底，上海市主导制定集成电路行业相关的国家标准 79 项，占集成电路相关国家标准总量的 6. 7%；参与制定集成电路行业相关的国家标准 284 项；主导制定集成电路行业相关的行业标准 60 项，占集成电路相关行业标准总量的 6. 4%；制定集成电路行业地方标准 19 项；制定集成电路行业团体标准 16 项。

---

① 数据来源：上海市统计局、上海市经济和信息化委员会。

② 数据来源：上海市市场监督管理局。

2021 年，上海市集成电路产业开展质量攻关项目 8 个，其中 2 项获上海市重点产品质量攻关成果二等奖，2 项获三等奖。

2021 年，中微半导体设备（上海）股份有限公司获评第四届中国质量奖提名奖。上海艾为电子技术股份有限公司"'全过程数字化'质量管控模式"获得上海市质量金奖。

## （二）生物医药①

### 1. 总体状况

2021 年，上海市生物医药制造业工业总产值达到 1 712 万亿元，可比增长 12.1%。2021 年，上海获批上市 1 类创新药 8 个，约占全国的 1/5，全国排名第二。其中阿基仑塞注射液、瑞基奥伦赛注射液成为全国首发的两款 CAR－T 产品。12 项创新医疗器械进入国家特别审批通道，位列全国第一。②

### 2. 质量状况

（1）仿制药一致性评价工作

截至 2021 年底，上海市通过仿制药质量与疗效一致性评价的药品批准文号共 165 个，过评品种数 136 个。其中，过评文号最多的品种是注射用头孢曲松（5 个），其次是苯磺酸氨氯地平片和盐酸二甲双胍片（4 个）。

（2）生物医药标准化

2021 年，上海市药品监督管理局完成 47 项中药配方颗粒标准起草，发布国际标准 1 项《医用电气设备　第 2—90 部分：高流量呼吸治疗设备的基本安全和基本性能专用要求》，发布国家标准 15 项，行业和团体标准 35 项。团体标准《窄治疗指数药物质量评价及标准制订的通用技术要求》获评"上海标准"。

---

① 数据来源：上海医药行业协会。

② 数据来源：《2021 上海市科技进步报告》。

## 案例 8 《窄治疗指数药物质量评价及标准制订的通用技术要求》优化药品质量

窄治疗指数药物（Narrow Therapeutic Index Drugs，NTIDs）是指当剂量或血药浓度发生较小变化时，可能导致严重治疗失败或者不良反应，甚至可能危及生命的药物。因 NTIDs 临床使用中发生的不良反应和质量安全事件概率远高于一般药物，全球各药品监管机构对此类药物特别关注，并将其列为高风险品种。为了全面确保患者用药的安全性和有效性，上海医药行业协会及上海药品审评核查中心等多家单位基于 NTIDs 的特性、临床使用风险及行业发展现状，共同起草发布了《窄治疗指数药物质量评价及标准制订的通用技术要求》团体标准。该标准借鉴国际先进技术要求，参考行业标杆企业的先进做法，在全生命周期管理体系建立、关键质量属性的检验项目、分析方法及限度制订等方面，填补了针对 NTIDs 质量管理的空白，并应用新的数据分析方法有效识别控制风险，达到国际领先水平。该标准在提升 NTIDs 全生命周期管理规范的同时，促进了企业对已上市 NTIDs 的再评价、再研究，持续加强对产品的知识积累、优化药品质量、提升药品质量标准，确保药品的质量可控性、安全性和有效性。执行单位采标一年来，NTIDs 严重及新的不良反应最大降幅分别达到 20.3%和 52.5%，投诉电话降幅达 72.7%，患者的用药安全得到了有力保障。

（3）生物医药企业质量管理信息化建设

2021 年，上海市医药行业组织开展了行业质量状况调查，共调查全国 184 家企业，其中上海企业占比 14.1%。从被调查企业的行业分布来看，化学药企业占比 56.0%、生物药企业占比 35.9%、无菌制剂企业占比 28.8%、中药企业占比 22.9%、非无菌制剂企业占比 19.0%、CRO/CDMO 企业占比 6.0%。

从被调查企业信息化建设情况来看，63.6%的企业建立了QMS、LIMS、MES等信息化系统，60.9%的企业架设本地服务器，35.3%的企业采用云计算技术平台。

从药品生产数字化转型情况来看，48.9%的企业初步建立了信息化平台，使用信息化技术手段支持药品生产及监控。52.2%的企业建立了数字化和信息化操作规程体系；42.4%的企业在药品生产过程中实施电子化签名制度。药品生产各环节的电子记录覆盖率排名前三的分别为质量检验系统、仓储系统、生产系统（图28）。

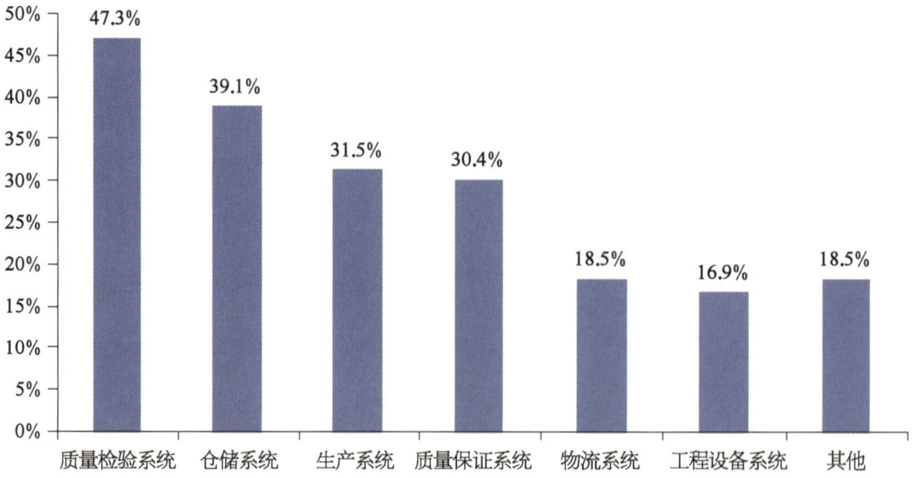


图28　2021年上海市生物医药企业生产环节电子记录覆盖情况分布

## （三）人工智能[①]

### 1. 总体状况

2021年，上海市人工智能产业规模达到3 000多亿元，增长17.2%。[②] 上海市共13个项目入围工信部科揭榜优胜单位，数量排名全国第二。上海市牵头发布了《可信人工智能白皮书》《白玉兰开放数据协议》《世界人工智能法治蓝皮书（2021）》《上海人工智能社会实验方案》等26份报告及倡议。

① 数据来源：上海市经济和信息化委员会、上海市人工智能行业协会。
② 数据来源：《2021上海产业技术创新发展报告》。

## 2. 质量状况

上海市人工智能标准化工作在全国率先取得突破性进展，率先发布《关于推进本市新一代人工智能标准化体系建设的指导意见》，成立上海市人工智能标准化技术委员会，逐步建立适应产业发展要求，涵盖基础共性、关键技术、核心产业、行业应用与安全伦理等各层次的新一代人工智能标准体系。企业标准《人脸识别系统技术要求》获评“上海标准”。

2021 年，上海市人工智能行业组织开展了行业质量状况调查，共调查上海市人工智能企业 74 家，涵盖了基础层、技术层和应用层企业。

从企业研发人员和研发投入来看，技术人员占比大于 30%的企业总计达到 94.8%，研发费用支出占总研发经费比例大于 45%的企业比达 50.6%，较上年提高 7.3 个百分点。

从企业标准化工作方面来看，41.5%的企业使用国际、国家或地方标准，11.1%的企业使用行业和团体标准，自行制定并实施企业标准的企业占比为 9.1%；按客户需求的占比 24.2%，认为标准缺失和现行标准不适用的企业占比达 14.1%。

从企业质量管理方面来看，多数企业通过了 ISO 9001 质量管理体系认证和信息技术基础构架库（ITIL）认证，占比分别为 77.3%和 43.4%，占比排名第三为软件能力成熟度（CMMI）认证，占比达到 37.2%，仅有极少数初创小微企业尚未建立内部质量管理体系。

从企业风险管理方面来看，被调查企业均在需求阶段对系统或产品进行风险评估。其中，对“人工智能系统对个人隐私数据带来的侵犯和泄露的风险”指标开展风险评估的企业占比最高，达到 80.7%；其次为“人类或其他系统对人工智能系统攻击带来的安全隐患”“由于人工智能系统的故障导致对人类生命、健康、财产或自然环境的威胁”，分别占比 55.6%和 50.4%，表明企业对于人工智能系统的隐私保护、信息安全高度关注。

从人工智能模型关键质量指标评价方面来看，企业最关注的指标前三位依次为准确性（功能有效性）、性能和可靠性；对于公平性、伦理道德的关注程度相对偏低（图 29）。

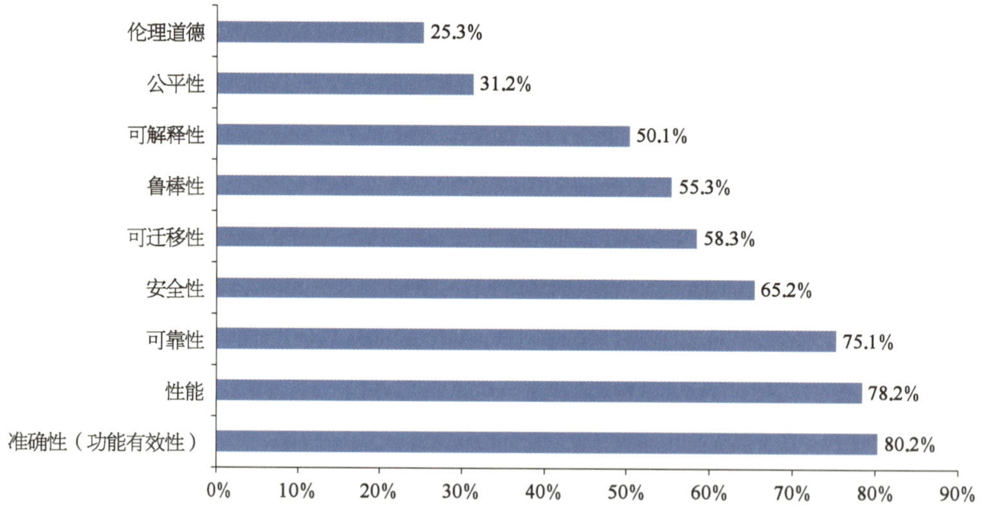


图29　2021年上海市人工智能企业对于人工智能模型关键质量指标评价占比分布情况

## （四）电子信息①

### 1. 总体状况②

2021年，上海市计算机、通信和其他电子设备制造业实现工业总产值5 351.42亿元，较上年增长1.4%。

### 2. 质量状况

2021年，上海市电子信息制造业行业组织开展了行业质量状况调查。被调查企业共102家，从领域分布来看，占比居前三位依次为电子制造及服务（47.57%）、集成服务（27.18%）以及运行维护（23.30%）。从产业分布来看，占比前三位依次为电子信息（47.57%）、人工智能（16.50%）、集成电路（10.68%）。

从企业质量管理制度建设情况来看，高层领导对于质量管理的重视度和参与度较上年均有提升。调查显示，在企业数字化转型过程中，高层管理者对质量管理的重视程度不断提高，87.38%的企业高层管理亲自参与质量管理活动，较上年

① 数据来源：上海电子商会（上海电子制造行业协会）。
② 数据来源：《2020年上海市国民经济和社会发展统计公报》。

增加4.92%，且有50.48%的高层管理者定期参与质量管理工作机制。93.2%的企业已经设置明确的质量管理职能部门和专职人员，较上年提高3.73%。

从资金投入情况来看，企业对于质量管理投入资金较上年有所提升。其中，质量管理资金投入占销售额1%~5%的企业占比超过半数，达到50.49%。投入占比超过5%的企业有24.27%，较上年增加7.61%。被调查企业在质量管理的投入主要集中在持续改进、减少客户抱怨和投诉、质量培训、规划与计划实施情况的控制等方面。其中，持续改进占比达79.61%。

从员工质量素质培训教育制度运行情况来看，企业普遍重视质量培训工作，中层管理者参加质量培训的比重最高，达81.55%，基层管理人员、质量专职人员、高层管理者、基层员工参加质量管理培训的比重分别达76.70%、66.02%、60.19%、54.37%。

从质量管理体系运行情况来看，建立质量管理体系的企业数呈上升趋势。83.50%的企业至少采用了一种管理体系，较上年提高11.57%（图30）。

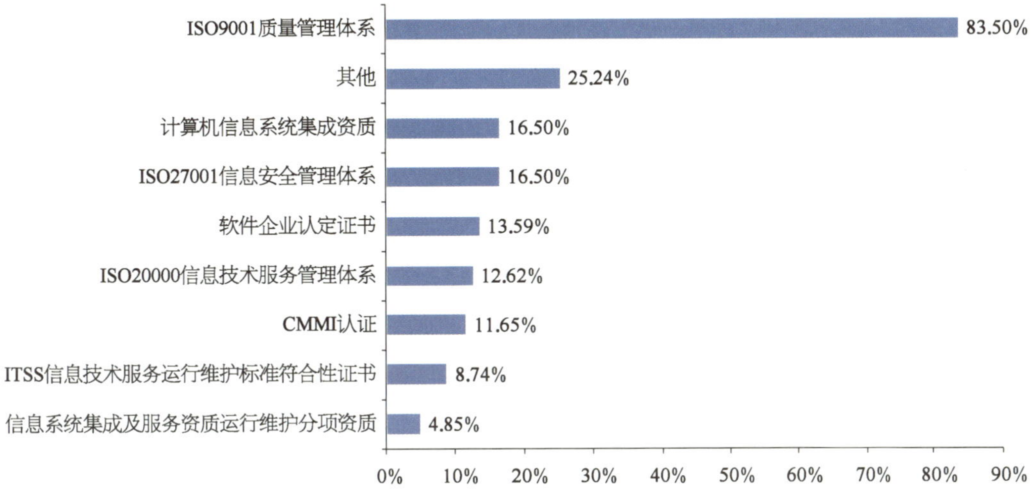


图30 2021年上海市电子信息行业企业质量管理体系实施情况

被调查企业中，有76.7%的企业参与过各级各类标准的制修订，较上年提高9.16%。

从实施数字化转型的情况来看，调查显示，采用信息化工具的企业占比达

93.2%，较上年提高3.73%；其中26.21%的企业建立公司级质量管理信息系统，实现不同业务部门间质量管理在线协同，占比较上年提高10.42%（图31）。

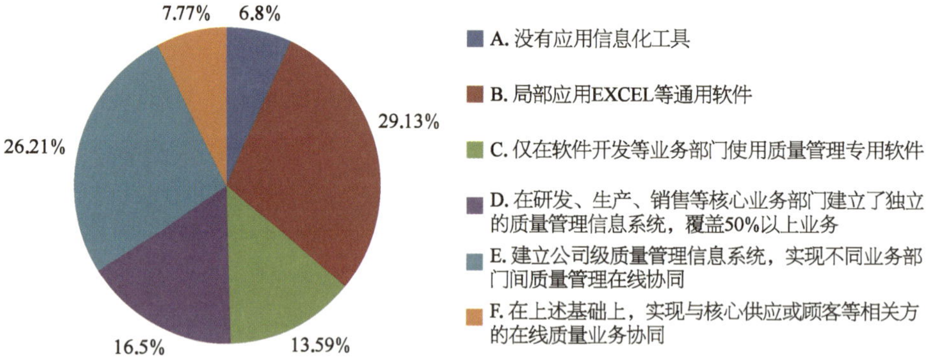


图31　2021年上海市电子信息行业企业质量管理信息化工具和系统应用情况

## （五）汽车

### 1. 总体状况

2021年，上海市汽车产量达到283.3万辆，同比增长7%，产值7 586亿元，同比增长21.1%，其中新能源汽车产量63.2万辆，同比增长160%，达1 772.6亿元，同比增长190%，产值突破千亿大关。上海汽车集团股份有限公司连续16年国内销量第一。①

### 2. 质量状况

2021年，乘用车61种整车产品的千辆车故障数同比目标平均下降7.00%，单车质量索赔费用同比目标平均下降8.56%；商用车15种整车/整机产品的故障数同比目标平均下降10.46%，单车质量索赔费用同比目标平均下降13.18%。

截至2021年底，上汽集团所属主要企业获得各类体系认证证书共计451张（表24），上汽集团获得的产品认证证书5 456张（表25）。

① 数据来源：上海市交通委员会。

表 24 2021 年上汽集团所属主要企业获体系认证证书一览表

| 证书类型 | IATF16949 证书 | ISO9001 证书 | ISO14001 证书 | OHS45001 证书 | 其他证书 | 总数 |
|---|---|---|---|---|---|---|
| 数量（张） | 192 | 39 | 121 | 79 | 20 | 451 |

表 25 2021 年度上汽集团产品认证证书一览表

| 证书类型 | 国家强制性产品认证 | 出口认证 | 产品证书总数 |
|---|---|---|---|
| 数量（张） | 3 693 | 1 763 | 5 456 |

上汽大通汽车有限公司“电池 EUNIQ7 车型低温能耗质量提升小组”等 55 个 QC 小组获 2021 年度全国机械工业优秀质量管理小组；上汽大众汽车有限公司“‘精益之路’总装技术股质量控制班组”等 16 个优秀班组获 2021 年度全国机械工业优秀质量信得过班组；泛亚汽车技术中心有限公司“智动 QC 小组”等 14 个 QC 小组 2021 年度上海市优秀质量管理小组；延峰国际座椅系统有限公司“康桥座椅总装厂质量班组”等 5 个优秀班组获 2021 年度上海市优秀质量信得过班组。

上海汽车集团股份有限公司乘用车分公司“在自主品牌蓝芯动力开发中应用智慧试验高质量管控经验”获 2021 年全国质量标杆；上海汽车集团股份有限公司获“2021 年度上海市重点产品质量振兴攻关优秀组织”，Atline 智能在线绝对测量技术应用攻关项目等 4 项成果获“2021 年上海市重点产品质量攻关成果”。上汽通用汽车有限公司副总经理叶彪的“锻造全业务链延伸覆盖的精益质量管理体系”获上海市质量金奖。

## （六）高端装备

### 1. 总体状况

2021 年，上海市成套设备制造业实现工业总产值 2 596.69 亿元，较上年增长 10.3%。①

① 数据来源：《2020 年上海市国民经济和社会发展统计公报》。

## 2. 质量状况

（1）电气装备①

2021年，上海电气集团股份有限公司编撰《上海电气质量案例集》共收录20个案例，既有在创新工艺方面的突破，也有运用信息化大数据平台改进管理方法、提升管理效率的实例；联合机电工会，开展全员质量劳动竞赛。通过持续开展质量专项劳动竞赛，建设质量文化，加强技术和质量管理融合，提升全员质量意识。

2021年，上海电气集团股份有限公司等级品率达到95.60%，质量损失率为0.38%，均保持在较高水平；上海电气凯士比核电泵阀有限公司获“进口核设备质量管理十佳单位”；上海三菱电梯有限公司基于超过国标要求的耐久性设计标准、高质量制造、耐受极端环境的抗冲击测试等实力，在行业内率先推出“十年延保”；上海市核电集团一机床有限公司对在制项目开展主包管分包质量管理改进，提升分包商管控水平，提高分包物项和服务质量，获2021年度中广核工程有限公司“主包管分包”标杆企业称号。

（2）航空装备②

截至2021年底，中国商用飞机有限责任公司（以下简称“中国商飞”）的ARJ21飞机累计安全运营超过12万飞行小时，全机疲劳试验成功完成10万循环，ARJ21飞机取得印尼型号认可证（VTC），批产单机平均故障拒收报告（FRR）数较2020年下降30%；C919大型客机批产装配阶段人为因素千工时故障数控制在0.4以下。

2021年，中国商飞主要产品服务相关关键过程质量指标继续保持在高位水平：客户满意度94.45%，质量损失成本率0.24%，产品和服务达标率96.88%，故障千时率78.28，机队可用率93.58%，签派可靠度99.49%。

① 数据来源：上海电气集团股份有限公司。
② 数据来源：中国商用飞机有限责任公司。

中国商飞顺利通过 AS9100D 航空航天质量管理体系①监督审核；持续推进质量提升，全年完成 14 个精益项目完成实施和验收评审，162 个质量管理（QC）小组课题结题。中国商用民用飞机试飞中心副主任吕碧江“创建实施民机试飞‘一核多体系’质量安全管理体系”获得上海市质量金奖。

（3）航天装备②

航天装备领域，上海航天装备制造业以中国航天科技集团有限公司第八研究院（以下简称“航天八院”）为主要核心企业。2021 年，航天八院对标“高质量、高效率、高效益”发展要求，优化建设一体化质量管理体系，推动航天领域质量管理规范、科学、高效开展，以过程方法、基于风险的思维和 PDCA 循环“三位一体”理念，构建面向全院的质量管理体系，确定 47 个院级质量管理体系主要过程和 574 个单位层面质量管理体系主要过程；以产品化为引领、信息化为手段，深化航天型号供应商管理及体系建设，支撑航天任务高质量、高效率、高效益完成。以“单位层面健体系、型号层面理脉络、产品层面打基础”的“三个覆盖”，实现“全领域、全级次、全过程、全要素”覆盖，确保责任链条不存断点，产品质量管控不留盲区。

2021 年，航天八院发布《航天产品分级分类与代号》标准，按照产品化型谱代号的规则，形成“单机推广、部组件选用、软件重用、元器件统型”的产品化模式，通过“一树四库”信息化系统（产品结构树、产品库、物资代码库、标准库、供应商库），将产品、型号、单位三维度串联成一个供应商管理立体体系。

2021 年，上海航天技术研究院院长张宏俊“创建‘1－2－3－4－5’上海航天精细化质量管理成果”获得上海市市长质量奖。上海空间电源研究所载人航天电源系统班组的“顶天立地”两翼九宫格创“心”质量管理模式获第四届中国质量奖提名奖。

---

① AS9100 是一份在 ISO 9001 质量体系要求基础上开发的航空航天标准，其中加入了航空航天行业所建立的有关质量体系的附件要求，以满足 DOD、NASA，以及 FAA 等监管机构的质量要求。

② 数据来源：上海航天技术研究院。

## 案例9 上海空间电源研究所实施“顶天立地”两翼九宫格质量模式

航天八院下属的上海空间电源研究所全面承研我国神舟、天舟、天宫、空间站、载人登月等921领域航天器电源分系统抓总设计。该所载人航天电源班组总结形成了“顶天立地”两翼九宫格质量模式。两翼九宫格质量模式的核心是：实施基于流程驱动的科学管理确保质量可靠，实施基于知识驱动的风险控制确保质量可信，实施基于数据驱动的精益管理确保质量可见。“顶天立地”的两翼九宫格质量模式体现了基于流程驱动的科学管理，采用“1个纲要、2个流程、3个要点”的质量管理措施，实现了电源系统的综合最优化，保证产品质量可靠；体现了基于知识驱动的风险控制，通过“1个思路、2个角度、3个标准”的管理措施，圆满完成了以“天宫”“天舟”为代表的电源系统研制；体现了基于数据驱动的精益管理，采用“1个体系、2个手段、3个维度”的措施，以量化可见的方式，实现了空间站电源系统的全过程精益化管理，并积极探索在型号中应用数字化设计，不断提升电源系统设计的智能化。截至2021年，航天八院在空间电源领域拥有专利890余项，国家、行业、团体等标准121项，核心技术知识产权保护覆盖率100%，成果转化率100%，按照“顶天立地”两翼九宫格质量模式，攻克了载人航天工程电源分系统多项核心关键，实现电源产品质量可靠、可信、可见，确保了我国载人航天工程重大任务的圆满成功。

（4）船舶和海洋工程①

2021年，上海市船舶行业持续推进质量提升工作，圆满完成各项质量指标（表26）。

① 数据来源：中船上海船舶工业有限公司。

表 26 2021 年上海市船舶质量指标一览表

| 序号 | 项目名称 | 目标值 | 全年实际完成情况 |
|---|---|---|---|
| 1 | 精细化质量管理项目推进有效率 | ≥80% | 85.47% |
| 2 | 质量信息处理及时率 | ≥90% | 91.85% |
| 3 | 质量信息处理有效率 | 100% | 100% |
| 4 | 船体焊接 X 光拍片一次合格率 | ≥92% | 98.54% |
| 5 | 超声波探伤一次合格率 | ≥98% | 99.14% |
| 6 | 项目对内交验一次合格率 | ≥92% | 97.60% |
| 7 | 项目对外交验一次合格率 | ≥95% | 95.91% |
| 8 | 质量损失率 | ≤0.27% | 0.25% |
| 9 | 顾客满意度 | ≥89% | 97.25% |
| 10 | 严重以上质量问题 | 0 | 0 |

上海市船舶行业注重识别分析重点产品质量风险项目，加强产品风险管控；加强焊接质量管控，一次合格率达到 98.54%；结合信息化管理平台，编制阀件安装检验实名制项目表，对阀件安装进行逐一报验；注重以产品检验为着力点，加强对投改制企业管理制度及过程检验的监督检查，建立健全管理体系和管理制度；深入开展装备质量“穿透式”管理，强化防务装备总体质量控制；推进“找差距、补短板、强弱项”质量专项行动。2021 年共注册 QC 小组 532 个，4 795 名员工参与 QC 活动。

## （七）新材料

### 1. 先进材料

2021 年，上海市发布《夯实基础 推动上海市先进材料产业高质量发展三年行动计划（2021—2023 年）》，围绕“3+6”重点产业配套，聚焦疏通“研试产用”链条，构建创新能力突出、产业能级显著、示范应用加快、产业生态完善的发展格局。上海市经济和信息化部门围绕关键应用攻关需求和上海市新材料特色发展需求，遴选技术成熟度合适的 7 个关键基础材料攻关，15 个首批次应用示范项目进入高质量发展专项年度指南。

### 2. 精品钢材①

2021 年，上海市精品钢材制造业形成了以中国宝武钢铁集团有限公司（以下简称“宝武钢铁”）为核心的精品钢材深加工产业格局。宝武钢铁全流程成材率提升 4.3 个百分点，冷轧超高强钢、热轧超高强钢、C208 GA 外板、BNA 向 GA 外板、EG 电镀外板等全流程成材率均创历史最佳水平；主持或参与起草的 13 项国家标准，国家标准《塑料薄膜热覆合钢板及钢带》填补该领域的标准空白；推动智慧质量系统建设，实现了薄板产品性能封闭自动处理、冷轧动态取样优化、现货 PSR 自动转换、冶金规范自动推荐等。新增 RS 俄罗斯船级社全系列船板认证证书，特厚板止裂和非止裂钢获 5 家船级社证书。

# 二、服务业

## （一）金融②

2021 年，上海市深化落实“金融 30 条”，出台实施全球资产管理中心、国际绿色金融枢纽、国际再保险中心建设支持政策，推动首家外资独资券商等一批金融业开放项目落地，推出原油期权、债券通“南向通”、“玉兰债”、碳中和债、公募不动产投资信托基金等金融创新产品和业务，启动资本市场金融科技创新试点，持牌金融机构新增 58 家，金融业增加值同期为 7 973 亿元，占全市 GDP 比重 18.5%，位居全国之首。金融市场交易总额突破 2 500 万亿元、增长 10.4%；上海黄金交易所场内现货黄金交易量位居全球第一。上海期货交易所螺纹钢、白银、燃料油、原油等多个品种交易量位居全球前列。

依据上海市标准化体系建设发展规划，不断完善上海市金融行业窗口服务质

① 数据来源：上海市新材料协会。
② 数据来源：上海市地方金融监督管理局。

量规范。中国银联股份有限公司发布的地方标准《中国银联 IC 卡技术规范》获评“上海标准”。

## 案例 10 《中国银联 IC 卡技术规范》助力金融级数据安全

资金安全是老百姓使用金融服务最关心的问题之一。金融 IC 卡的信息存储在智能芯片中，其自带 CPU（芯片）可动态运算加密，较磁条卡静态信息验证方式更为安全。为了规范金融 IC 卡规范发展，中国银联联合全球产业合作伙伴共同制定《中国银联 IC 卡技术规范》企业标准，依据标准打造银联 IC 卡、银联手机闪付、可穿戴支付等全产品支付体系，通过对关键指标和技术要求的明确，支持自主可控的加密算法与安全芯片，实现金融级数据安全，保证了用户全球支付过程中安全与便捷。全国 38 个城市地铁、1 750 多个城市和县域公交、近 22 万家零售商户、300 多万家餐饮商户、2 000 多所校园支持银联基于金融 IC 卡标准的移动支付服务。该标准已实现对全球 180 个国家和地区、6 000 多万商户的覆盖，境外受理 ATM 终端 173 万台支持该标准。仅在欧洲，就有约 90%的国家和地区的 80 万商户支持银联卡的受理。金融 IC 卡标准与技术向“一带一路”沿线授权与输出，有效提升当地普惠金融水平。泰国成为境外第一个采用银联标准的国家；塞尔维亚、乌兹别克斯坦推出带银联芯片的双品牌卡。金融 IC 卡标准与技术服务的国际化输出，有力支撑“一带一路”沿线金融支付基础设施现代化建设，在国际市场打响了“上海服务”品牌。

## （二）交通运输

### 1. 总体状况

2021 年实现交通运输、仓储和邮政业增加值 1 843.46 亿元，比上年增长

13.5%。全年各种运输方式完成货物运输量155 211.94万吨，比上年增长11.5%。旅客发送量14 035.33万人次，增长17.2%。①

## 2. 质量状况

(1) 港口运输

2021年，上海完成港口货物吞吐量77 635.43万吨，比上年增长8.3%；口岸货物贸易总额保持全球城市首位，上海港集装箱吞吐量达到4 703.33万国际标准箱，增长8.1%，连续12年位居世界第一，集装箱水水中转比例达49.6%，国际中转比例13.0%。② 上海国际港务（集团）股份有限公司尚东集装箱码头分公司“LEAD创新驱动”质量管理模式获得上海市质量金奖。③

### 案例11 上海国际港务(集团)股份有限公司实施“LEAD创新驱动”质量管理模式

洋山港区四期码头是全球一次性建成、规模最大、集成度最高、具有完全自主知识产权的自动化集装箱码头。2021年，洋山四期年吞吐量首破570万标准箱，同比增长35.7%。作为洋山港四期码头的运营方，上海国际港务（集团）股份有限公司尚东集装箱码头分公司建立了以精益管理（Lean Management）、环境保护（Environmental Conservation）、敏捷服务（Agile Service）、数字融合（Digital Convergence）为主体的“LEAD创新驱动”质量管理模式。通过建立多项标准融合的一体化管理体系。在该模式的引领下，公司持续推进码头的数字化转型，码头采用由上港集团自主研发、拥有完全知识产权的智能管控系统（ITOS系统），这也是国内自动化码头领域唯一一颗“中国芯”。通过全电力驱动的大型设备和AGV小车、全程无纸化操作、

① 数据来源：《2021年上海市国民经济和社会发展统计公报》。
② 数据来源：《2021年上海市国民经济和社会发展统计公报》。
③ 数据来源：上海国际港务（集团）股份有限公司。

太阳能辅助供热等技术的应用，实现了智慧赋能，装卸效率较传统码头提高了近30%，并且人力成本节约了近70%。2021年，洋山四期每台桥吊昼夜装卸能力已突破1 000标准箱的大关。“洋山四期超大型自动化集装箱码头关键技术研究与应用”项目成果已在14个国内外码头中得到应用。2021年9月，上港集团以色列海法新港正式开港，该码头便复刻了“洋山四期”的技术亮点。这也是我国首次向发达国家输出“智慧港口”先进技术和管理经验。

（2）轨道交通

2021年，上海市建成14号线、18号线部分区段共61公里轨道交通线，运营线路总长达到831公里、继续保持全球城市第一，全年轨道交通客运量达到35.72亿人次，增长26.1%。上海申通地铁集团有限公司“通向都市新生活”地铁质量管理模式获第四届中国质量奖提名奖。①

（3）民航旅客服务

2021年，上海浦东国际机场获旅客满意度测评（ACI）“2020年度亚太地区4 000万以上级最佳机场”和“旅客认可奖”。对标提升项目获首届全国对标管理项目成果发表大赛最高等级“示范级”奖项。②

（4）智慧交通

2021年，上海市新增372条729.96公里测试道路，实现嘉定新城、临港新片区386全域开放。目前，上海累计开放615条、1 289.83公里测试道路，可测试场景达到12 000个，测试道路里程数和场景丰富度位居全国首位。上海以嘉定安亭为试点区域，逐步拓展至嘉定新城，构建了“1+1+N+1”智慧城市基础设施和智能网联汽车协同发展的“中国样板”工程。此外，为促进交通行业数字化发

① 数据来源：上海申通地铁集团有限公司。

② 数据来源：上海国际机场股份有限公司。

展，2021 年 11 月，上海市组织成立“上海市智能交通标准化技术委员会”。[①]

## （三）旅游会展

### 1. 总体状况

2021 年，上海市实现旅游产业增加值 1 500. 52 亿元，较上年增长 12. 2%。举办“建筑可阅读、城市微旅行”为主题的上海旅游节，实现开放历史建筑 1 056 处；评选“非遗在社区”示范项目 19 个、示范点 14 个。截至 2021 年底，全市已有旅行社 1 865 家，A 级旅游景区（点）134 个，红色旅游基地 34 个。[②]

2021 年，上海市共举办各类展览及活动 542 个，举办总面积 1 086. 02 万平方米。其中，举办国际展 142 个，举办规模超过 10 万平方米的展览数量 31 个。[③]

### 2. 质量状况

2021 年，上海市实施旅游质量标杆引领，出台完善新版《上海市地方标准旅行社服务质量要求及等级划分》，对全市 A 级旅行社进行评定性复核。截至 2021 年，全市共有 5A 级旅行社 15 家，4A 级旅行社 75 家，3A 级旅行社 219 家。中共一大、二大、四大纪念馆成功创建国家 5A 级景区。[④]

上海市举办展会中经 UFI 认证[⑤]品牌项目数量共 29 个，位居全国第一。UFI 会员单位中上海企业有 31 家，同比增加了 6. 89%，其中展览场馆单位有 3 个。

## （四）养老[⑥]

### 1. 总体状况

2021 年，上海市共有养老机构 730 家、社区老年人日间服务中心 831 家、短

① 数据来源：《上海市智能网联汽车发展报告（2021 年度）》。
② 数据来源：《2021 年上海市国民经济和社会发展统计公报》。
③ 数据来源：上海市商务委员会。
④ 数据来源：上海市文化和旅游局。
⑤ UFI 是国际展览联盟(Union of International Fairs)的缩写，UFI 于 1925 年在意大利米兰成立，总部设在法国巴黎。
⑥ 数据来源：上海市民政局。

期住养照料为主的长者照护之家 206 家、社区老年助餐服务场所 1 433 家、“枢纽型”社区综合为老服务中心 371 家，全市养老床位总量达 16.45 万张。全市共 6 723 处养老顾问点、9 234 名“养老顾问”，全年累计提供 34 万余人次有温度的服务。

### 2. 质量状况

2021 年，上海市新实施养老服务团体标准 7 项；截至 2021 年底，累计实施地方标准 7 项，团体标准 23 项，共有 60 个养老服务标准化试点项目通过验收。上海市第一社会福利院等 6 家养老机构获得“上海品牌”认证。

2021 年，上海市对 597 家养老机构（其中包含 2020 年监测为优秀免检的 122 家机构）开展第四次养老机构服务质量日常监测。根据测评结果，全市养老机构总体服务质量“良好”，平均得分 81.9 分，较上年提高了 4.0 分（结果详见图 32）。

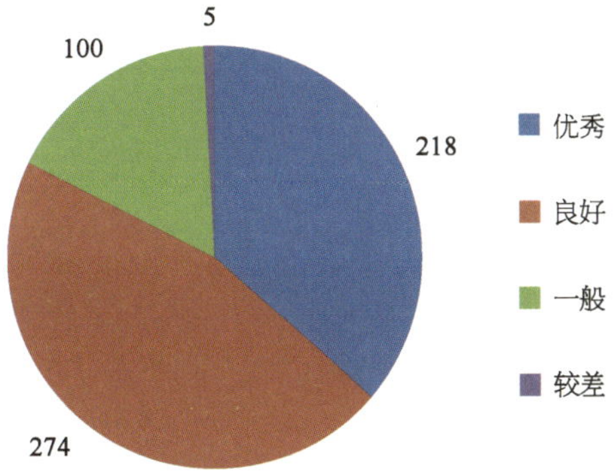


图 32　2021 年上海市第四次养老机构服务质量日常监测结果

## （五）人力资源[①]

### 1. 总体状况

2021 年，上海市人力资源服务业快速发展，行业营业总收入年均增长率超过 30%。

① 数据来源：上海人才服务行业协会。

### 2. 质量状况

2021 年，上海市人力资源行业牵头派遣、培训、高级人才寻访、网络招聘、招聘会及人才评测等 6 项行规行约；制定团体标准《人力资源外包服务先进性质量要求》；积极推动“国家级人力资源服务业标准化示范区”创建工作，组建“上海市人力资源服务标准化技术委员会”；创建“上海市人力资源和社会保障服务标准化试点”。上海人才服务行业协会“四位一体”管理模式获第四届中国质量奖提名奖。

## （六）商业零售

### 1. 总体状况

2021 年，上海市实现社会消费品零售总额 18 079. 25 亿元，较上年增长 13. 5%。其中，无店铺零售额 3 738. 79 亿元，增长 18. 0%。网上商店零售额 3 365. 78 亿元，增长 20. 8%。①

### 2. 质量状况

2021 年，针对南京东路、南京西路、陆家嘴等多个市级重点商圈，开展重点商圈“上海购物”诚信指数测算工作，共计采集近 15 万条公共信用信息，近 3 万份微信问卷和 2 000 余条消费者舆情信息。测算结果显示，2021 年度上半年，上海市重点商圈“上海购物”诚信指数平均为 87. 80，排名前三的商圈为南京东路商业中心、南京西路商业中心和小陆家嘴商业中心；2021 年度下半年，上海市 12 个重点商圈“上海购物”诚信指数平均为 87. 67，排名前三的商圈为南京东路商业中心、徐家汇商业中心和南京西路商业中心。

# 三、企业质量状况②

为全面掌握上海市企业质量管理现状，上海市质量工作领导小组办公室委托

---

① 数据来源：《2021 年上海市国民经济和社会发展统计公报》。

② 数据来源：上海市质量协会。

第三方机构，开展了“2022 年上海市企业质量管理状况调查”，发放问卷 10 000 余份，回收有效问卷 4 100 份，被调查企业覆盖了上海 16 个区。从被调查企业规模来看，大型企业占比 5.6%，中型企业占比 9.8%，小微型企业占比 84.6%。

此次调查对企业的愿景和价值观、质量管理职能、质量培训、质量改进活动等质量管理各指标进行了数据采集，并对企业质量管理成熟度①进行了定量分析。

## （一）总体情况

调查结果显示，被调查企业的质量管理成熟度平均得分为 584.7 分，较上年提高 5.5 分，继续处于良好水平。其中，19.5% 的被调查企业处于优秀水平，11.6%的企业处于卓越水平②（图 33）。

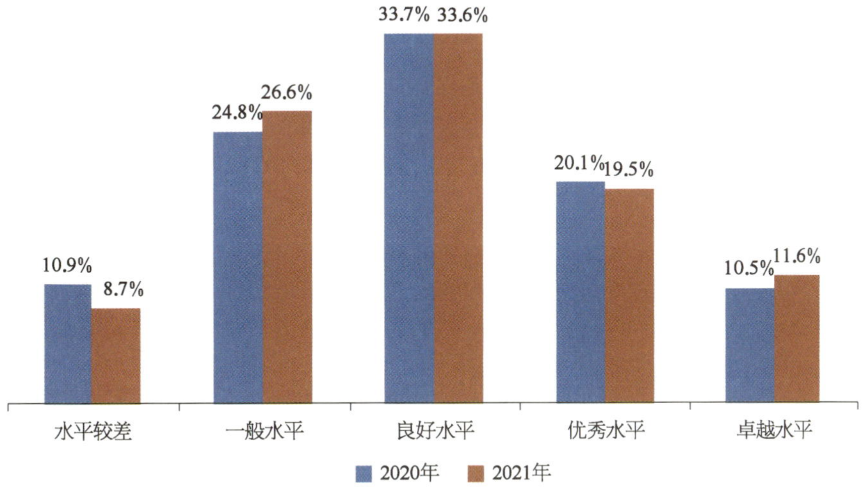


图 33 2020—2021 年上海市企业质量管理成熟度等级分布情况

① 此次调查设计的质量管理成熟度评价模型是在参考克劳士比“质量成熟度判定”、“卓越绩效评价准则”、“基于 GB/T 19001 的质量管理成熟度评价准则”等国内外实践基础上，根据上海市企业实际情况设计的。该模型满分为 1 000 分，由领导作用、质量战略、体系与标准、全员参与、过程管理和绩效管理等 6 项一级指标、15 项二级指标构成。

② 本次调查将质量管理成熟度评价结果按照得分分为五级，其中得分≤300，成熟度等级为水平较差；得分在（300，500]，为一般水平；得分在（500，700]，为良好水平；得分在（700，850]，为优秀水平；得分在（850，1 000]，为卓越水平。

质量管理成熟度各项分级指标得分基本上年持平（表 27）。

表 27　2021 年上海企业质量管理成熟度各项指标得分情况

| 一级指标 | 得分 | 满分 | 二级指标 | 得分 | 满分 |
|---|---|---|---|---|---|
| 领导作用 | 90. 3 | 150 | 领导参与 | 54. 6 | 90 |
| | | | 质量组织 | 35. 7 | 60 |
| 质量战略 | 100. 4 | 140 | 质量愿景价值观 | 37. 6 | 60 |
| | | | 质量战略目标 | 62. 8 | 80 |
| 体系与标准 | 65. 3 | 130 | 质量管理体系 | 40. 8 | 70 |
| | | | 标准化工作 | 24. 5 | 60 |
| 全员参与 | 79. 9 | 130 | 质量改进活动 | 36. 3 | 60 |
| | | | 质量教育培训 | 43. 7 | 70 |
| 过程管理 | 144. 7 | 260 | 生产/服务质量控制 | 46. 3 | 80 |
| | | | 质量管理信息化 | 27. 4 | 50 |
| | | | 供应商管理 | 34. 7 | 60 |
| | | | 质量创新管理 | 36. 2 | 70 |
| 绩效管理 | 104. 1 | 190 | 质量绩效管理 | 47. 0 | 80 |
| | | | 质量成本 | 21. 8 | 50 |
| | | | 顾客满意度 | 35. 3 | 60 |

## （二）分类分析

调查结果显示，制造业企业平均得分为 610. 4 分，服务业企业为 561. 7 分，均较上年略有提升。从成熟度等级分布情况来看，制造业企业和服务业企业处于良好水平以上的占比分别为 70. 4%和 59. 6%（图 34）。

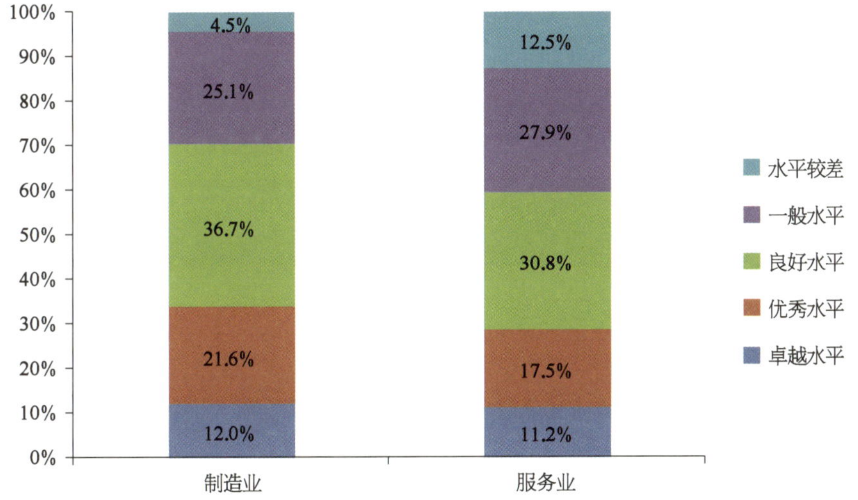


图 34 2021 年上海市制造业和服务业企业质量管理成熟度情况

调查结果显示，三大先导产业企业质量管理成熟度均值为 628.9 分，六大重点产业集群企业质量管理成熟度均值为 623.1 分，均较上年有所提升（表 28）。

表 28 2021 年上海市“3+6”重点产业企业质量管理成熟度得分

| 分类 | | 质量管理成熟度 |
| --- | --- | --- |
| 三大先导产业 | 集成电路产业 | 641.2 |
| | 生物医药产业 | 631.9 |
| | 人工智能产业 | 616.2 |
| 六大重点产业 | 电子信息产业 | 579.0 |
| | 生命健康产业 | 652.5 |
| | 汽车产业 | 635.1 |
| | 高端装备产业 | 632.9 |
| | 先进材料产业 | 635.4 |
| | 时尚消费品产业 | 604.7 |

调查结果显示，规模以上企业和规模以下企业①质量管理成熟度得分分别为624.6分和519.6分（一级指标得分情况见表29）。

表29 2021年上海市规上与规下企业质量管理成熟度一级指标得分情况

| 一级指标 | 满分 | 规上企业得分 | 规下企业得分 |
|---|---|---|---|
| 领导作用 | 150 | 94.5 | 83.6 |
| 质量战略 | 140 | 104.2 | 94.1 |
| 体系与标准 | 130 | 71.7 | 54.8 |
| 全员参与 | 130 | 85.4 | 71.1 |
| 过程管理 | 260 | 158 | 122.9 |
| 绩效管理 | 190 | 110.8 | 93.2 |

## （三）分项指标

### 1. 领导作用

领导作用指标项满分为150分，此次被调查企业平均得分为90.3分，较上年提高2.5分。

调查结果显示，71.7%的被调查企业高层领导积极参与质量工作，其中35.8%的被调查企业高层领导通过各种方式强调质量的重要性，并亲身参与质量改进活动，抓质量取得了显著成效（图35）。

### 2. 质量战略

质量战略指标项满分为140分，此次被调查企业平均得分为100.4分，较上年提高4.8分（图36）。

调查结果显示，已有96.1%的被调查企业有明确的质量愿景和价值观，有

① 本调查中规模以上企业指企业年度主营业务收入2 000万元以上（含）的企业，规模以下企业指企业年度主营业务收入少于2 000万元的企业。

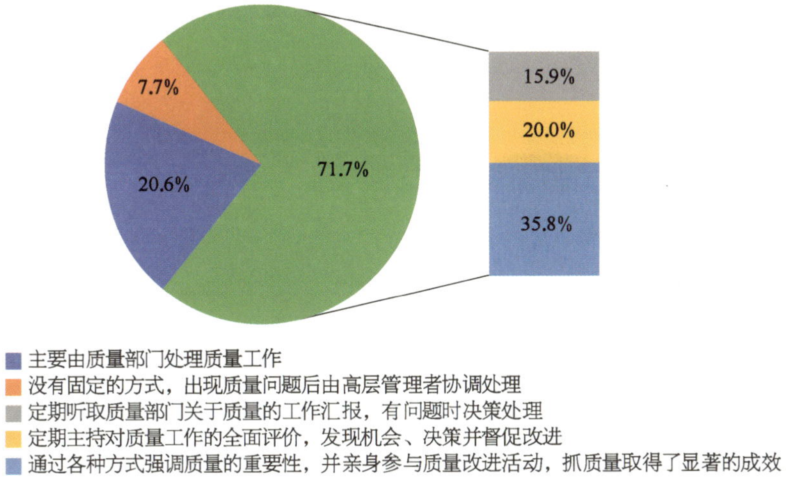


图 35　2021 年上海市企业高层领导关注和参与质量工作的方式

79.4%的被调查企业的质量愿景和价值观在企业中取得共识，且在此基础上有27.7%的被调查企业将质量愿景和价值观与利益相关进行传递与共享。

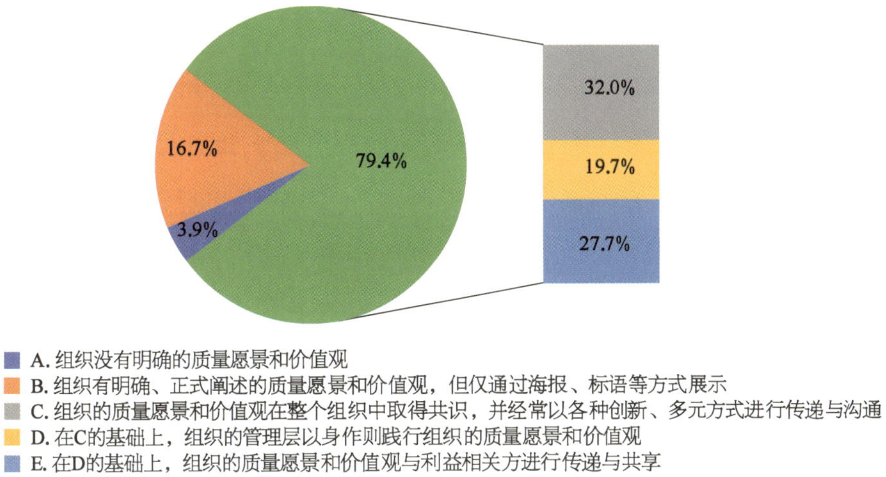


图 36　2021 年上海市企业组织质量愿景和价值观情况

### 3. 体系与标准

体系与标准指标项满分为 130 分，此次被调查企业平均得分为 65.3 分，较上年基本持平。

调查结果显示，有 91.5%的被调查企业已经建立质量管理体系，有 77.7%的被调查企业的质量管理体系已获第三方认证且能有效运行。此外，有 15.9%的被调查企业已经引入大质量概念，构筑了与使命、愿景、价值观相一致的综合管理体系，并结合卓越绩效等先进管理模式持续改进（图 37）。

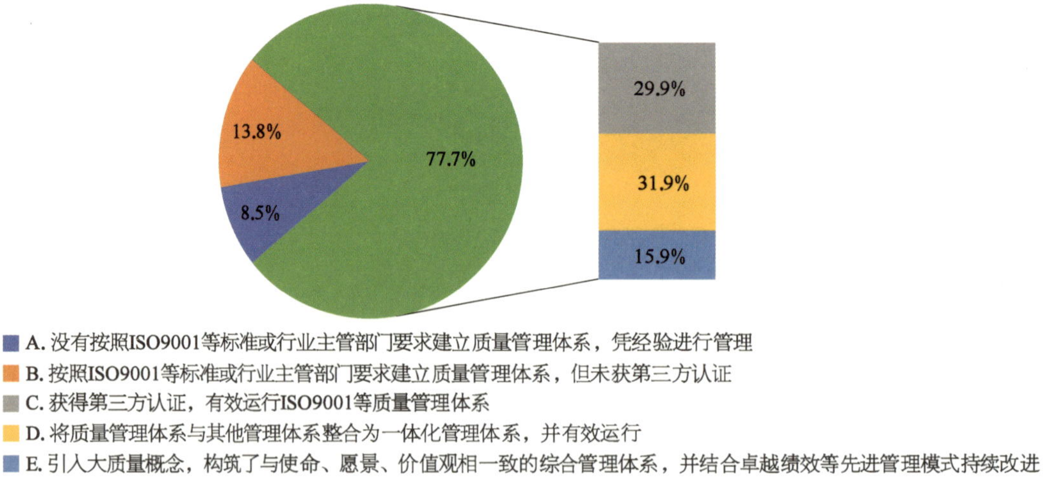


图 37　2021 年上海市企业质量管理体系建设情况

多数企业已经开展各产品/服务标准化相关工作，其中 49.5%的被调查企业都已建立了组织标准体系。从企业参与标准制定情况来看，目前 58.6%的被调查企业未参与到任何标准的制修订中，30.7%的被调查企业主要参与到国家标准或者行业标准的制修订中，4.9%的被调查企业已参与到国际标准的制修订中（图 38）。

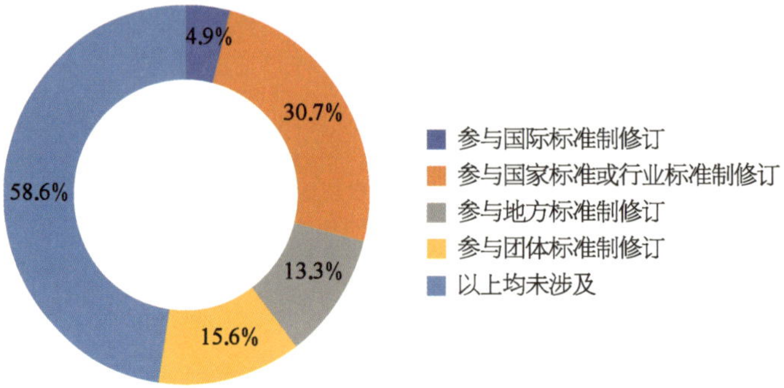


图 38　2021 年上海市企业参与标准制修订情况

### 4. 全员参与

全员参与成熟度指标项满分为 130 分，此次调查的被调查企业平均得分为 79.9 分，较上年提高 1.2 分。

调查结果显示，有 82.0%的被调查企业会根据员工需求和组织要求，制定实施部门质量培训年度计划，并开展培训评价。在此基础上，有 25.6%的被调查企业已经建立质量培训管理体系并运行，持续改进质量培训（图 39）。

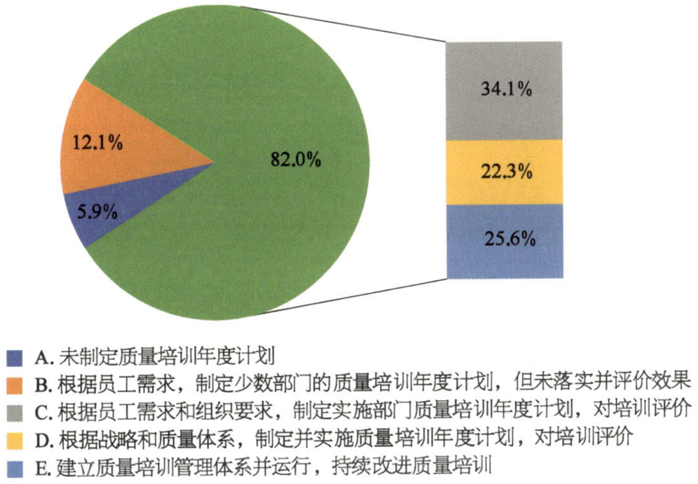


图 39　2021 年上海市企业质量培训情况

## 5. 过程管理

过程管理指标项满分为 260 分，此次调查的被调查企业平均得分为 144.7 分，较上年基本持平。

调查结果显示，在生产/服务过程的质量控制上，仅有 4.9%的被调查企业没有严格执行操作规范（图 40）。

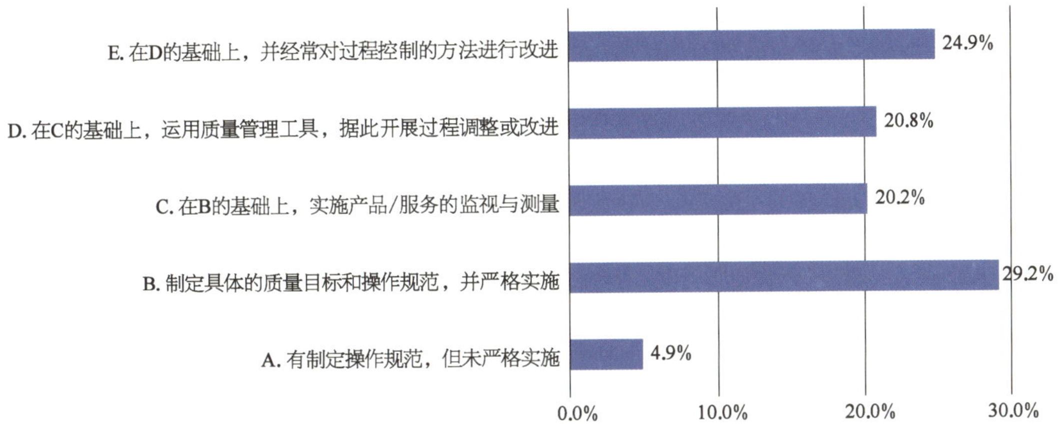


图 40　2021 年上海市企业在生产/服务环节实施质量控制情况

调查结果显示，69.5%的被调查企业已经应用研发创新的质量管理方法，并且效果较为理想（图41）。

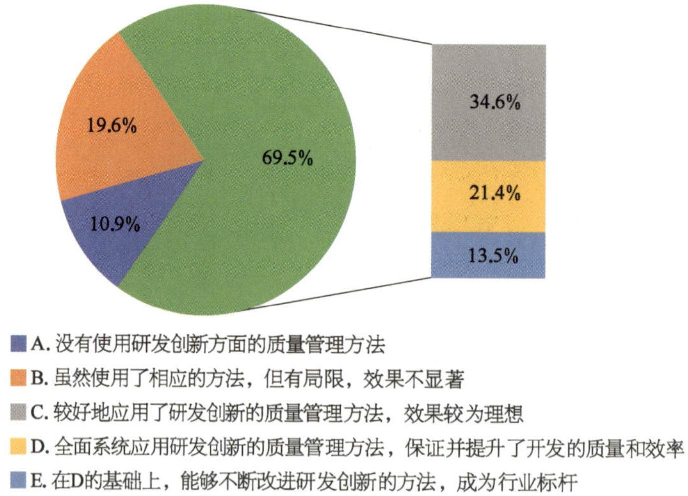


图41　2021年上海市企业质量创新管理情况

调查结果显示，58.8%的被调查企业已经建立质量管理信息系统（图42）。

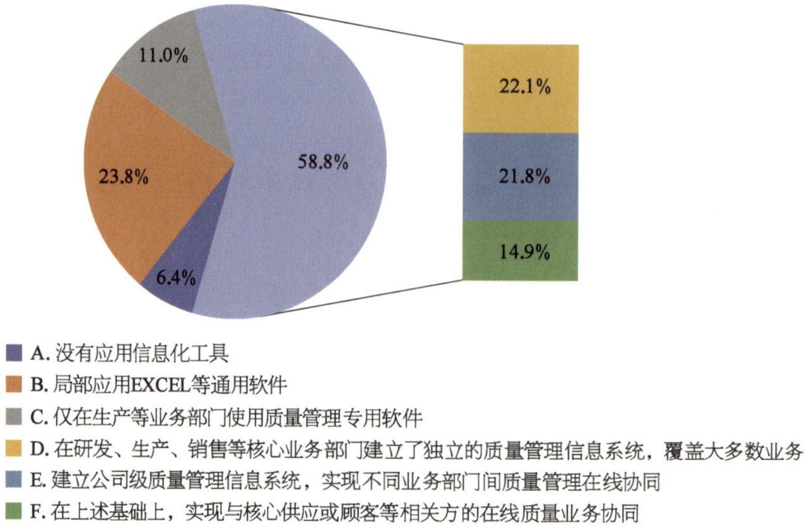


图42　2021年上海市企业质量管理信息化工具和系统应用情况

### 6. 绩效管理

绩效管理指标项满分为190分，此次调查的被调查企业平均得分为104.1分，较上年基本持平。

调查结果显示，91.7%的被调查企业建立了质量绩效指标。其中，有47.7%的企业质量考核覆盖全员全过程（图43）。

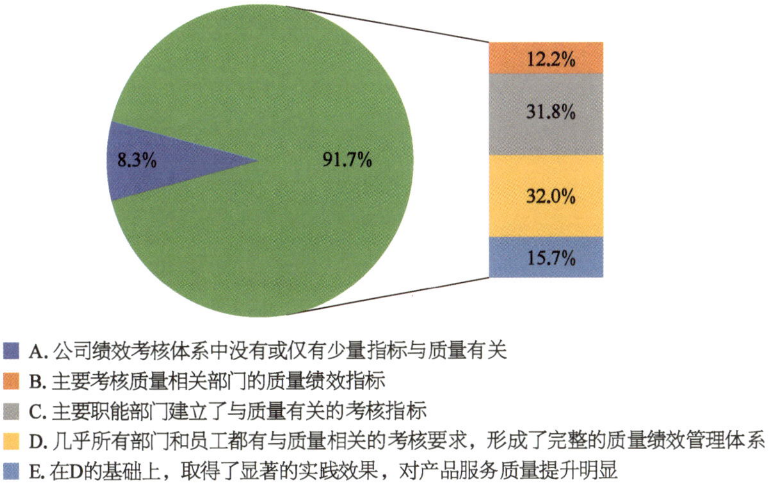


图43　2021年上海市企业质量绩效考核指标设置情况

图书在版编目（CIP）数据

上海市质量状况分析报告. 2022年 / 上海市质量工作领导小组办公室，上海市市场监督管理局编. -- 上海 : 上海科学技术出版社，2022.12
ISBN 978-7-5478-6019-9

Ⅰ. ①上… Ⅱ. ①上… ②上… Ⅲ. ①质量管理－研究报告－上海－2020 Ⅳ. ①F273.2

中国版本图书馆CIP数据核字(2022)第222779号

**上海市质量状况分析报告(2022年)**
**上海市质量工作领导小组办公室**
**上海市市场监督管理局** **编**

上海世纪出版(集团)有限公司
上海科学技术出版社 出版、发行
(上海市闵行区号景路159弄A座9F－10F)
邮政编码 201101 www.sstp.cn
上海锦佳印刷有限公司印刷
开本 787×1092 1/16 印张 7.5
字数 103 千字
2022年12月第1版 2022年12月第1次印刷
ISBN 978－7－5478－6019－9/F·38
定价：89.00元